Rudolf Häpke

Der deutsche Kaufmann in den Niederlanden

Rudolf Häpke

Der deutsche Kaufmann in den Niederlanden

ISBN/EAN: 9783955640446

Auflage: 1

Erscheinungsjahr: 2013

Erscheinungsort: Bremen, Deutschland

@ EHV-History in Access Verlag GmbH, Fahrenheitstr. 1, 28359 Bremen. Alle Rechte beim Verlag und bei den jeweiligen Lizenzgebern.

Pfingstblätter
des Hansischen Geschichtsvereins.
Blatt VII. 1911.

Der deutsche Kaufmann in den Niederlanden.

Von

Rudolf Häpke.

Mit 2 Tafeln.

Leipzig,
Verlag von Duncker & Humblot.
1911.

Einleitung.
Niederländische Weltmärkte.

Universale Bedeutung Brügges. — Antwerpen und Amsterdam als Weltmärkte. — Der hansische Handel und Brügge. — Der „deutsche Kaufmann".

Nur der kleine Kreis der Gebildeten weiß heute von Brügge. Als eine stille Stadt, in der träge Kanäle an Reihen seltsam geformter, kleiner Giebelhäuser vorüberziehen und altertümliche Gäßchen, pittoreske Winkel und ragende Türme immer von neuem überraschende Ausblicke darbieten, kennt sie der Reisende. Vor allem gilt ihm Brügge als die Wirkungsstätte der Jan van Eyck und Memling, und vor ihren Werken in der Akademie und dem Johannishospital sucht unsere ästhetisierende Zeit Kunstgenuß und Kunstverständnis. Daß eine an Kunst und Historie reiche Vergangenheit noch immer nicht der nüchternen Gegenwart weichen will und das verarmte Gemeinwesen mit einem Schimmer ihres Glanzes umkleidet, macht den Zauber dieses verlorenen Winkels der belgischen Provinz Westflandern aus. Wohl hat man versucht, durch kühne Hafen- und Kanalbauten der Stadt neues kommerzielles Leben zuzuführen; aber es hat doch den Anschein, als ob sie auch künftig mehr von dem Erbe ihrer großen Zeit als von den Früchten moderner Arbeit zehren wird. Schwer scheint es der neuen Reede von Seebrügge zu werden, in den Kreisen des Handels und der Schiffahrt zu Ansehen zu kommen, und noch immer ist nicht der Geschäftsmann, sondern das Reisepublikum mit Reiseführer und Skizzenbuch die typische Erscheinung in den Straßen der Stadt.

Im Mittelalter war es anders. Gerade die breite Masse der Kaufleute und Schiffer, der Wechsler und Weber war mit Brügges Namen vertraut. An der Trave in Lübeck oder an der bremischen Schlachte war er vor fünfhundert Jahren jedem befahrenen Seemann so geläufig wie heute New-York oder London. Nicht minder aber wußte der Baske, der am Strande von Bilbao den hochbordigen Schiffen seines Volkes nachblickte, wie sie mit Wolle und Erz nach Norden steuerten, oder der slavonische Ruderknecht auf den Galeeren der Republik von San Marco von der flandrischen Metropole Bescheid zu geben. Beide kannten Flandern als das Ziel der Schiffe. Ob man sich vor den Wechselbuden von Florenz oder im russischen Nowgorod befand, ob man Leute von den britischen Küsten oder vom Gestade der Ostsee vor sich hatte, überall galt diese Landschaft in der Südwestecke der Niederlande als der „Stapel der Christenheit". Das Mittelalter, glücklich in der Einheit seiner Weltanschauung, kannte nur **einen** Kaiser und **einen** Papst. So schuf es sich auch in gemeinsamer Arbeit der Völker **einen** Weltmarkt in Brügge. Generationen sind in dieser Anschauung aufgewachsen und in ihr dahingeschieden; sie wußten es nicht anders, als daß der Welthandel dort seine bleibende St tte gefunden hätte. Als dann Brügges Stern erblich und seine universale Bedeutung im Schwinden begriffen war, erfuhr nach einer Epoche des Übergangs und tastender Versuche der Welthandel im 16. Jahrhundert von neuem eine Konzentration im brabantischen Antwerpen, die wieder die Kaufleute der handeltreibenden Länder Europas nach einer niederländischen Stadt führte. Die internationale Stellung des älteren Emporiums wurde an der Schelde von neuem erreicht; das Aufsteigen zur Höhe des Weltmarkts vollzog sich noch rascher, und Wachstum und Glanz nahmen für den Zeitgenossen fast märchenhafte Formen an. Wie bekannt, war auch diese Blüte nicht von Dauer; noch ehe das Jahrhundert seinem Ende sich zuneigte, hatten sie die politischen und religiösen Stürme des niederländischen Aufstandes geknickt. Doch von neuem fand der Verkehr in den Niederlanden eine Stätte. In Amsterdam und bei den Holländern konnte er fast zwei Jahrhunderte gedeihen. Heutzutage steht der Seeverkehr von Rotterdam und Antwerpen unter den kontinentalen Häfen unmittelbar hinter Hamburg an zweiter und dritter Stelle.

Brügges Handelssystem kann man sich als einen Kreis vorstellen, der mit Brügge als Mittelpunkt die abendländischen Völker umfaßte. Die Radien sind die Handelszüge, die aus allen Himmelsrichtungen auf Brügge konvergierten. Von Süden ziehen die

Bürger der hochentwickelten italienischen Stadtstaaten Venedig, Genua und Florenz auf Land- und Seeweg nach Flandern; von Westen kommen die Warenzüge aus Westfrankreich und Nordspanien, und mit den benachbarten britischen Inseln steht Brügge von jeher in engstem Verkehr. Die Verkehrslinien des Ostens und des Nordens sind im Besitz der Deutschen. Sie erschlossen das Becken der Ostsee und verbanden die baltischen Lande mit dem Westen. Uns Heutigen fällt es schwer, von der hohen Bedeutung des Ostseehandels einen klaren Begriff zu bekommen, und doch ist aus der ganzen Handelsgeschichte jederzeit der Nachweis zu führen, welch wichtige Rolle das russische Pelzwerk und Wachs, das schwedische Eisen, der Schonensche Hering und die übrigen Produkte der Wald- und Landwirtschaft der weiten östlichen Ebenen auf dem Weltmarkt gespielt haben. Der Westen bezahlte mit gewerblichen Erzeugnissen, den Produkten seines günstigeren Klimas, wie Wein und Südfrüchte, und endlich mit den Orientwaren, die der italienische Handel aus der Levante besorgte. Was Norddeutschland davon brauchte, und was der deutsche Kaufmann dem Norden und Osten zuführte, bezog er über Brügge.

Das Ausland kannte die deutschen Kaufleute zunächst als Angehörige des Römischen Reiches. Aber die Spaltung des deutschen Handels in zwei verschiedene Verkehrsgebiete, Ober- und Niederdeutschland mit getrennten, sich nur peripherisch berührenden Interessensphären, bewirkte, daß durchweg nur die Norddeutschen die „Kaufleute von Deutschland" ausmachten, wenn sie handelspolitisch in Flandern auftraten. Es sind die Hansen, wie wir sie nach dem Städtebund, der die Interessen des deutschen Seehandels zu vertreten unternahm, zu nennen gewohnt sind. An ihren Rechten und Pflichten haben im Westen die Kaufleute vom Rhein und der Provinzen des heutigen Königreichs der Niederlande östlich der Südersee teil. Im Süden schiebt sich das Gebiet des deutschen Kaufmanns bis ans Mittelgebirge heran, und nach Osten hin gehören alle Anwohner der Ostsee deutscher Zunge zu ihm. Von den Hansen sprach der Niederländer gern als „Osterlinge", und die Bezeichnung der Kaufmannsgenossenschaft als „ostersche Nation" und der Hansestädte als „ostersche Städte" hat sich lange erhalten. Besser als dieser bequeme, aber vieldeutige Ausdruck gibt ein Spanier des 16. Jahrhunderts den

Charakter der deutschen Kaufleute in den Niederlanden wieder, indem er sie als „Seedeutsche" den Hochdeutschen gegenüberstellt. Nur dürfen wir den Begriff nicht zu eng fassen: Es sind nicht nur die Küstenbewohner und die Bürger der eigentlichen Seestädte, sondern alle, die den Zug zum Meer spüren und Anschluß an den Verkehrskreis von Nord- und Ostsee gefunden haben.

Wie diese „Seedeutschen" sich auf den niederländischen Weltmärkten betätigten, wie sie dort verdienten und lebten, soll im Folgenden dargelegt werden.

Erstes Kapitel.
Brügge.

Reisewege. — Brügges Hafen. — Die Stadt. — Herbergen und Wirte. — Der Handelsbetrieb. — Der Deutsche als Geschäftsmann. — Die Genossenschaft des „deutschen Kaufmanns". — Stellung zu den Vlamen und den anderen Kaufmannschaften. — Das Ansehen der Deutschen.

Die Reisewege, die im Mittelalter nach den Niederlanden führten, decken sich nur teilweise mit den Routen, die heutige Kursbücher nachweisen. Wohl sind die Hauptdurchgangs- und Endpunkte ziemlich dieselben geblieben, sonst aber führte die „vlämische Straße", wie man schon auf nordwestdeutschem Gebiet sagte, durch Gegenden, die heute abseits von den großen Schienenwegen liegen. Gleich hinter Hamburg mußte ein Trupp Kaufleute, der sich zum gemeinsamen Ritt nach dem Westen zusammengefunden hatte, einen bedeutenden, nach unseren Vorstellungen höchst lästigen Umweg machen. Über Stade und Bremervörde waren am Rande der Geestrücken Moor und Wümmeniederung im weiten Bogen zu umgehen. War man von Burg aus in Bremen eingezogen, so führte die Reise über Delmenhorst und Wildeshausen nach Lingen, wo die Ems überschritten wurde. Hier teilten sich die Wege: der südliche führte über Deventer am Ostrand der weiten Gelderschen Heide, der Veluwe, über Arnheim und Nimwegen nach Brabant hinein, der nördliche folgte dem Laufe der Vecht und ließ den Reisenden durch das prächtige Sassentor in Zwolle einreiten. Auf dieser Route fühlte man sich sicherer, wenn in dem kriegerischen Geldern einmal wieder die Waffen aneinanderklirrten. Fehden mit ihrem Gefolge von Untaten zügelloser Söldner ohne Herren und Dienst brachten jene oft geschilderte, aber häufig übertriebene Unsicherheit des mittelalterlichen Verkehrs hervor, nicht aber eigentliches Raubrittertum und unverfälschte Wegelagerei, von denen unsere populären Vorstellungen nur so ungern lassen wollen. Da es zu Kriegszeiten auch nicht rätlich war, menschenarme, waldige Heidestriche zu passieren, so vermied man auch wohl von Zwolle aus die direkte Weiterreise durch die Veluwe nach Utrecht und ließ sich über die Südersee nach Amsterdam übersetzen, um von dort aus Fahrgelegenheit auf den holländischen Binnengewässern nach den südlichen Niederlanden zu benutzen.

Im Westen war Köln der große Ausgangspunkt für die niederländische Reise. Wieder nahm die Route, die durch Brabant nach Flandern wies, einen anderen Verlauf als die modernen Schienenstränge; nur sind es diesmal die Bahnen, die zu weit ausholen, da der Umweg über das südlich gelegene Lüttich noch immer nicht vermieden werden kann.

Wer die Landroute wählte, konnte damit rechnen, in etwa 10—12 Tagen von Lübeck nach Brügge zu gelangen. Über die Dauer der Seereise ließ sich bei der Abhängigkeit von Wind und Wetter wenig vorhersagen, zumal noch Schiffsgelegenheit in Hamburg abgewartet werden mußte. Ob daher der Seeverkehr für die Personenbeförderung häufiger als der Landweg in Betracht kam, ist fraglich. Wollte der Kaufmann dagegen sein Gut selbst begleiten, so mußte er schon an Bord gehen, da für Warensendungen und namentlich für Schwergut der Wassertransport das gegebene war. Charakteristisch für die ältere Zeit ist die Bevorzugung der Binnenfahrt. Man segelte „binnen beur" anstatt „buiten omme", wie der treffende Ausdruck lautet, suchte den Schutz der Nordseeinseln und befuhr die Südersee mit ihren kurzen, aber bisweilen sehr unangenehmen Wellen in ihrer ganzen Ausdehnung von Norden nach Süden, um sich dann auf den Wasserläufen Utrechts, Hollands und Seelands nach Flandern hinzufinden.

Vlissingen gegenüber bekam man jenseits der Honte oder Westerschelde das flandrische Ufer zuerst zu Gesicht. Auch hier führte ein Schiffahrtsweg landeinwärts; es war die östliche Hafeneinfahrt von Brügge. Brügges Reede war ein Meerbusen, der zwei schmale Arme im Nordosten der Stadt der Scheldemündung und der Nordsee entgegenstreckte. In gewaltigem Anprall mochte die Nordsee in grauer Vorzeit die Rinnen geschaffen haben; die Wasser der Schelde furchten sie tiefer, ehe sie durch den Westarm abflossen, und endlich suchte ein Flüßchen, das von der Geest jenseits Brügge kommt, hier seine trägen Wellen nach kurzem Lauf dem Meere zuzuführen. Der Zustrom von Osten, die Meerflut und das unscheinbare Gewässer, die Reye — selten gedenkt man seiner in den Darstellungen von Brügges Handel — vereinten sich, um ein System von Wasserläufen, das Swin, von See bis Brügge=Stadt zu schaffen, das zahlreiche gute Liegeplätze, wie sie sich das Mittelalter mit seinen bescheidenen Ansprüchen nur wünschen mochte, aufwies. Das Swin war die verkehrsreichste Reede des nördlichen Europas, und kaum weniger als Brügge selbst war das jetzt halbvergessene Städtchen Sluis, dem die Lage an der Gabelung des Swin seit dem Ende des 13. Jahrhunderts den Hauptschiffsverkehr sicherte, in ganz Europa bekannt. Alle handel=treibenden Völker hatten sich auf ihre Weise den Namen mund=gerecht gemacht, Segelanweisungen gedenken der Stadt, und weit=gereiste Italiener und Spanier unterließen nicht den Besuch, um in ihren Reiseaufzeichnungen ihrer Verwunderung über das, was sie an Schiffs= und Warenverkehr, auch an Leistungen im Deich= und Kanalbau gesehen, Ausdruck zu geben. Gern beehrt man Brügge mit dem Namen des nordischen Venedig, und gerade Süd=europäer haben oft die Parallele zwischen der Beherrscherin der Adria und der flandrischen Stadt gezogen und dabei der Reede von Sluis den Vorrang an Schiffsfrequenz zuerkannt.

Und heute? Wo sich die Galeeren der Republik von San Marco an den Ankertauen wiegten, biskaysche und bretonische Flotten von 40 Fahrzeugen in Reihen lagen, und hansische Koggen und Kraier ab= und zufuhren, alle umschwärmt von den kleinen Leichtern und Fährbooten der Vlamen, ist jetzt frucht=bares Ackerland. An verkehrsreichen Sommertagen waren im 14. Jahrhundert sicher einige Tausende Fremde und Vlamen am Swin tätig. Heute ist die Gegend menschenleer, und man ist einigermaßen mit der Antwort in Verlegenheit, wenn Badegäste aus dem benachbarten Seebade Knocke um Auskunft bitten, ob ein Spaziergang längs der Dünen zum Swin sich lohne. Gewiß sind einige Reste noch zu erkennen: Jenseits Sluis stehen noch Teile der Deiche, die in neuerer Zeit das Swin von Süden nach Norden begleiteten. Weiter zur See hin streichen sie im Bogen von Osten nach Westen. Von rechts und links schieben

sich die Dünen von Cadsand und Knocke heran, lassen aber eine
Strecke gelben Seesand zwischen sich frei. Zwischen Dünen, Sand
und Deich eine sumpfige Wasserrinne, von Grasland eingefaßt,
ist das Überbleibsel des einstigen Welthafens.

Von Sluis nach Brügge führt jetzt ein schnurgerader Kanal,
anfangs von einer Allee oft gemalter, hochstämmiger Bäume ein=
gefaßt, an Feldbefestigungen vorüber, die noch aus der Zeit stammen,
als Spanier und staatische Truppen sich hier an der belgisch=
niederländischen Grenze gegenüberstanden. Erst Napoleon hat den
Schiffgraben in seiner heutigen Gestalt durch spanische Kriegs=
gefangene auswerfen lassen; das Mittelalter brauchte anfangs
überhaupt keine künstliche Wasserstraße und begnügte sich damit,
das Bett der Reye und ihre Verlängerung für kleinere Schiffe
fahrbar zu erhalten. Hinter Sluis brach zur rechten die Häuser=
zeile kaum noch ab, und überall lugten die kleinen flandrischen
Häuschen über den Deich. Denn die Gewerbe, die ein blühender
Seehafen kennt, Schiffbau und =Reparatur, Seefischerei und
Herbergswirtschaft hatten eine starke Besiedlung der Gegend herbei=
geführt. Doch anstatt einer Großstadt entstanden innerhalb
eines Jahrhunderts (bis 1300) auf einer Strecke von 9 km nicht
weniger als fünf Städte, sämtlich mehr oder minder Vororte Brügges.
Wohl ist der Landstrich längst zur Acker= und Weidewirtschaft
zurückgekehrt, die Städte sind wieder zu Landgemeinden geworden,
und die kleinste unter ihnen, Monikerede, ist mitsamt seinem Markt
und vier Straßen gänzlich vom Erdboden verschwunden — der
einzige Rest, ein Wirtshausschild „à la Monikerede" wird auch
wohl einer zeitgemäßeren Bezeichnung „zum Congo" oder ähnlich
gewichen sein —; aber die breiten, wuchtigen Kirchtürme von
St. Anna=ter=Muiden und Damme mit der mächtigen Ruine der
Marienkirche, die zierlichen Rathäuser von Sluis und Damme
haben sich als Wahrzeichen einer großen Vergangenheit erhalten.
Kurz hinter Damme erblickt man zum erstenmal die Turmspitze
der Brügger Liebfrauenkirche. Sie ist die einzige, die so weit
ins Land hinausschaut. Denn Brügge liegt platt in der Ebene;
es konnte sich weder an Flußdünen wie Bremen, noch wie Lübeck
an einen Höhenrücken anlehnen, wodurch die Silhouette dieser
Städte so prächtig hervortritt. Man muß schon einen günstigen
Ausblick innerhalb der Stadtgräben, etwa den Windmühlenhügel

zwischen Kreuz- und Dammertor, aufsuchen, um die Zwölfzahl der Brügger Türme, welche die Ziegeldächer der niedrigen Häuser überragen, mit einem Blick zu umfassen. Brügge ist ein Musterbeispiel dafür, daß eine Stadt ihr Antlitz immer nach der Seite kehren muß, die ihr die stärksten ökonomischen Einflüsse zukommen läßt. In der Gegenwart ist Brügge ganz auf den Schienenweg angewiesen, der die belgischen Hauptstädte mit Ostende verbindet und vom Kontinent nach England hinüberleitet. Er berührt die Stadt im Westen und hat fast allen Verkehr an sich gezogen. Im Mittelalter mußten Kaufleute und Waren, die vom Swin kamen, das „Nordende" passieren, das Brügge dem lebenspendenden Seehafen entgegenstreckte und bei jeder Stadterweiterung nach Norden hinausschob. Wo der breite Kanal in die Stadt eintritt, sieht es jetzt etwas nach Bettelmannsumkehr aus; damals mußte hier der belebte Wasserweg Brügges wirtschaftliche Bedeutung am besten vor Augen führen. Er brachte den Ankömmling auch am ehesten in das Kaufmannsquartier, das sich nördlich vom Kern der Stadt, der gräflichen Burg und dem Marktplatz, zwischen den Reyearmen und der Vlamingstraße im Viereck erstreckte. Dort legte die Schute am Zollhof an, der in seiner heutigen Gestalt 1477 erbaut wurde und mit seinen gefälligen Formen Zeugnis ablegt, daß die Vergangenheit auch Bauten zu nüchternen Zwecken künstlerisch aufzufassen verstand. Auch der große Krahn für die schweren Weinfässer mit Tretrad und mächtigem, mit kleinen Kranichfiguren verziertem Schrägbalken — nur in Lüneburg hat sich ein ähnlicher Krahn von gleich pittoreskem Aussehen bis auf die Gegenwart erhalten — hatte hier an der St. Johannbrücke neben der Wage seinen Platz, und endlich standen in diesem Stadtviertel auch die Fremdenherbergen. Die Deutschen scheinen durchweg ihrer vier benutzt zu haben, und da die Anzahl der Kaufleute häufig das erste Hundert überstieg, der Wirt aber wohl auch andere Gäste neben ihnen hatte, so mußte schon eine größere Menge Unterkunft in einem solchen „Hostel" finden. Trotzdem wurden wohl kaum eigene Gebäude ausschließlich zu Herbergszwecken aufgeführt; das mittelalterliche Anwesen mit seinen Seiten- und Nebengebäuden, den Ställen und Schuppen gestattete, in Um- und Vorbauten einige Kammern für die Gäste neu anzubringen. Der Wirt, der ein solches „Hostel" sein eigen nannte, war nicht etwa ein Schank-

wirt; sein Beruf vereinigte vielmehr die Obliegenheiten des Haus=
eigentümers, des Kaufmanns und vor allem des Maklers. Noch
heute liegen die drei Gewerbe in Flandern, auf dem platten
Lande wie in Brügge, nahe beieinander. Da besitzt ein Pferde=
makler (facteur in paarden) ein Estaminet (Wirtschaft), und
die „Alte St. Eligius Kapelle" hat zum Herrn einen „Kaufmann
in Heu und Stroh usw.", der zugleich Fuhrmannsgeschäft, Aus=
spann und Wirtschaft betreibt. Stand der deutsche Kaufmann
vor seinem Brügger Wirt, so hatte er eine der wichtigsten Persön=
lichkeiten vor sich, die es für ihn auf seiner Reise gab. Denn
es handelte sich ebenso um Unterkunft wie um den geschäftlichen
Erfolg. In erster Linie freilich gibt der Hostelier Logis, doch
wohl kaum Speise und Trank, die sich der Fremde vielmehr selbst
besorgt. Da eigentliche Packhäuser Brügge fremd waren, so
werden die Waren in den Kellerräumen untergebracht, und in den
Truhen des Wirts deponiert der Kaufmann seinen gemünzten und
ungemünzten Silbervorrat. Mit der Zeit wurde es freilich auch
üblich, den Barvorrat „in den Wechsel" zu legen, d. h. bei einer
der zahlreichen Banken arbeiten zu lassen. Im Notfall sagt der
Wirt auch für seinen Gast gut und begleitet ihn als Rechts=
beistand vor Gericht. Ein Angestellter des Hosteliers, den seine
Kleidung schon als solchen kenntlich macht, steht dem Kaufmann
als Makler auf seinen Geschäftsgängen zur Verfügung, und endlich
bringt der Wirt an ihn gesandte Waren unter und kauft die
Rimesse ein. Kein Wunder, daß die fremden Kaufleute vorsichtig
bei der Wahl ihrer Herbergen vorgingen und die stattlichsten
Häuser, die einen gediegenen Eindruck machten, schon mit Rücksicht
auf ihre Depositen aufsuchten. Unter den Hosteliers begegnen
uns die besten Namen der Brügger Bourgeoisie, die Mitteneye,
Scoteler, van Curtrike; auch eine adlige Dame hat sich in diesem
Berufe versucht, ohne jedoch Seide zu spinnen. Die Hauschilts
und vor allem die Buerses, die unseren Börsen den Namen
gaben, waren Geschlechter, die man überall kannte, wo Geschäfts=
verbindungen mit Brügge bestanden. Wie in den guten Gast=
höfen der Provinz zwischen Wirt und Handlungsreisenden häufig
aufrichtige Freundschaft besteht, so bahnte sich auch in Alt=Brügge
ein Vertrauensverhältnis zwischen beiden Teilen an. Man lernte
sich damals besser kennen, da der Aufenthalt bisweilen nach

Monaten oder gar Jahren bemessen war; aber anderseits führte
die Verquickung des Wirtsgewerbes mit kaufmännischen Geschäften
bedauerliche Erscheinungen wie Bankrotte und Defraudationen
herbei, die auch die deutschen Gäste in Mitleidenschaft zogen.

So rasch wie heute, wo der Handlungsreisende mit dem
Morgenzuge eintrifft, um womöglich noch mit dem Abendschnellzug
zur nächsten Stadt zu eilen, ging es damals mit den Geschäften
nicht. Noch vor einem Menschenalter, so versichern glaubwürdige
Leute, vor deren Gasthof damals noch die Postkutsche hielt,
war der erste Tag nach der Ankunft der Ruhe, der zweite dem
Wiedersehen alter Bekannter und erst der folgende dem Geschäft
gewidmet. Auch der Deutsche, der nach fast vierzehntägigem Ritte
lendenlahm vom Gaul stieg oder durch die Ankunft in Sluis aus
der Nachbarschaft der Heringsfässer und Stockfischbündel im Schiffs=
raum erlöst wurde, wird sich mit dem Beginn seiner Geschäfts=
operationen nicht beeilt haben. Gewiß hat der Handel unsere
moderne Wertschätzung der Zeit in das Leben eingeführt; der
Kaufmann spürte ja ihre Macht viel mehr als Ritter, Geistlicher
oder Bauer, und die große Standuhr, die im 15. Jahrhundert
der deutsche Kaufmann auf seinem Verkehrsplatz in Brügge er=
richtete, ist gleichsam das Symbol für die tiefeingreifende Um=
wertung. Aber die Eile, die wir an dem heutigen Geschäftsmann
zu sehen gewohnt sind, sucht man an seinem mittelalterlichen Vor=
gänger vergebens. Bildliche Darstellungen zeigen den Kaufmann
in ruhiger Haltung im Gespräch begriffen, und wenn er in den
Geschäftsbriefen des 15. Jahrhunderts mehrfach über Zeitmangel
klagt, so ist es zugleich ein Mittel, die Korrespondenz etwas ab=
zukürzen. Die geschäftige Menge der Kleinhöker und Krämer, der
Packer und Küper durchwogt Brügges Straßen; doch grade der
wohlsituierte ehrbare Kaufmann hält sich von ihrem Feilschen und
Schachern, Fluchen und Schelten fern. Seine Geschäftsbriefe sind
höflich; mit „höfischen" Worten soll er seine Reklamationen an der
Wage anbringen und seitens seiner Genossenschaft wird darauf
gehalten, daß er sich über „Herren, Fürsten und Städte" höfisch
äußere. Die Sitte billigt und wünscht ein gesetztes Benehmen, das
abgemessene Bewegungen von selbst mit sich bringt.

Der Arbeitstag beginnt mit der frühen Morgenstunde; es
gilt, das Tageslicht auszunutzen. Kauf und Verkauf erfordern

viel Zeit und Umstände. Am liebsten wird „auf Gesicht" gekauft. Der Kaufmann muß also selbst auf die Verkaufshallen gehen oder in die Warenkeller hinabsteigen. Es wird gekostet, geprobt und befühlt, vielleicht auch· der Geruchssinn in Tätigkeit gesetzt. Man schreitet zum umständlichen Akt des Wägens, der für Quantitäten über 60 Pfund stets auf den öffentlichen Wagen vor sich geht. Genau wird kontrolliert, ob der Wägebeamte auch die zum Zwecke fairen Handels unbedingt nötigen, durch Vertrag mit der fremden Kaufmannschaft festgelegten Bedingungen richtigen Wägens erfüllt. Bleibt noch das Wichtigste, die Einigung über den Preis, bis endlich der „Gottespfennig", eine milde Gabe zu wohltätigem Zweck, bei Abschluß des Handels gezahlt, und er durch den „Weinkauf", einen Umtrunk, gefeiert werden kann. So mochte die Stunde rasch heranrücken, die den einzelnen zu seinen Pflichten gegen seine Genossenschaft rief. Die Älterleute der Deutschen hatten am vormittag nach 11 Uhr, am nachmittag im Winter zwischen 4 und 5, im Sommer von 5—6 Uhr Sprechstunde für alle, die ein Anliegen an sie hatten. Zwischendurch hatten die Älterleute gespeist; um 2 Uhr waren sie vom Essen bereits aufgestanden. Auch der „gemeine Mann" war durch die Korporation verpflichtet, sich am Vor- und Nachmittage an der gemeinsamen Versammlungsstätte einzufinden. Seitdem 1457 den Deutschen dafür ein eigener Platz, der noch heute Osterlingeplatz heißt, eingeräumt wurde, war er der Treffpunkt; vielleicht, daß man sich auch vorher in der Nähe aufgehalten hatte. Jedenfalls waren die Zusammenkünfte älter und hatten wohl stattgefunden, solange es überhaupt deutsche Kaufleute in Brügge gab. Das Bedürfnis, die Genossen zu sehen, Meinungen über die Preise und das Wetter auszutauschen, Neuigkeiten zu erfahren und mitzuteilen, war jederzeit vorhanden, kam aber in dem genossenschaftlich gebundenen Mittelalter noch mehr zum Ausdruck als heute. Zudem wußte jeder, daß zur selben Zeit auch die andern Kaufmannschaften oder „Nationen", wie man sagte, an bestimmten Plätzen im Kaufmannsquartier zu finden seien. Eine „Börse", die alle Kaufleute vereint hätte, existierte in Brügge nicht; selbst die Italiener, die sich beim Hause der Buerses vor ihren Konsulaten versammelten, zerfielen wieder nach ihrer Zugehörigkeit zu ihren Stadtstaaten Venedig, Florenz und Genua in einzelne Gruppen. Hatte ein

Deutscher mit Angehörigen dieser Nation zu tun und etwa ein Wechselgeschäft zu erledigen, das in Händen der Italiener lag, so ging er zur Vlamingstraße hinüber, sprach auf dem Rückweg vielleicht noch bei den Spaniern im Langen Winkel, der jetzigen Spanischen Straße, vor und setzte dann mit seinen deutschen Genossen die „spaciring" fort. Auf diese Weise war der Tag mit geschäftlichen und genossenschaftlichen Verpflichtungen ausgefüllt. Der Abend wurde wohl meistens im Kreise der Kameraden in einer der vielen rheinischen Weinstuben verbracht, wenn der Kaufmann nicht über seinen Handlungsbüchern und Geschäftspapieren saß. Wohl war die Buchführung recht primitiv und kaum mehr als eine Gedächtnishilfe; aber der Eigentümer des „papir" kannte sich doch in den krausen Zahlen aus und trat auch vor Gericht den Beweis seiner Behauptungen mit ihrer Hilfe an.

Der hansische Kaufmann bedurfte keines Dolmetschers im Verkehr mit den Vlamen. Seine niederdeutsche Mundart war dem Vlamen sofort verständlich, das Vlämische dem Norddeutschen alsbald geläufig. Auch heute kann man sich in Flandern eher mit Plattdeutsch oder dem Idiom, das man als Stadtkind dafür hält, dem gemeinen Mann begreiflich machen, als wenn man das gut durchgebildete Niederländisch aus dem „höfischen Haag" zur Anwendung bringt. Trotzdem begleitete den Hansen auf seinen Geschäftsgängen stets ein Eingesessener als obligatorischer Vermittler eines jeden Handelsgeschäfts. Diese Makler waren dem Ankömmling nützlich, indem sie ihn über den Bestand orientierten und die gewünschten Warenpartien nachwiesen; eine zweite Wurzel hatte ihr Gewerbe aber auch in dem eigenartigen, uns Heutige so fremd anmutenden Handelsrecht der Vorzeit. Am fremden Ort war die Dispositionsfähigkeit über eine Ware nur beschränkt, und Kauf und Verkauf wurden als nutzbare Rechte angesehen, welche die städtische Wirtschaftspolitik nach Möglichkeit für die eigenen Bürger reservierte. Am liebsten sah es eine Bürgerschaft, wenn der Handelsverkehr der Fremden untereinander überhaupt unterbunden, und eine Ware nur an einen Bürger abgesetzt wurde. In Brügge hatte der handelspolitische Ansturm der fremden Kaufmannschaften solche Tendenzen nicht ausreifen lassen, und das Recht auf freien Handel von Gast zu Gast war verbrieft; zur Entschädigung ließ die Stadt einen der Ihrigen wenigstens den Maklerlohn verdienen.

Die Courtagentaxe betrachtete der Brügger Makler nur als Minimaltarif, und sein guter Wille kostete noch 50 Prozent mehr. Überhaupt kann man zweifeln, ob das Trinkgeldwesen besser bei ausgebildeten oder bei weniger entwickelten Verkehrszuständen gedeiht, und ob nicht beide auf ihre Art der Unsitte förderlich sind. Im mittelalterlichen Flandern streckte sich jedenfalls mehr als eine Backschisch heischende Hand dem Fremden entgegen.

Der Kaufmann, den wir bei seinem Einkauf begleiten wollen, steht auf dem „Großen Platz", der in Brügge und sonst in Belgien seinen Namen wirklich verdient. Vor ihm erhebt sich, mit der Schmalseite dem Platz zugekehrt, die Alte Halle, ein Gebäude von einfachen Formen, von einem breiten, wuchtigen Turm in zwei Geschossen überragt. Zur Linken mündet der Kanal, der vom Swin her die Waren herangeführt hat, unter der langgestreckten Neuen oder Waterhalle. Die Hallen sind due grandissime magioni a modo di grandissimi palagi, wie sie Pegolotti, selbst ein praktischer Kaufmann, nennt. Hier findet der Deutsche seine Rückfracht, flandrische Tuche und die Gegenstände des südeuropäischen Handels. Die Grafschaft Flandern stand mit ihrer für den Export arbeitenden Gewebeindustrie nördlich der Alpen einzig da, und eins der besten hansischen Geschäfte war, flandrische Wolltuche an die Russen zu verkaufen. Dazu bedurfte er wohlfeiler bunter Zeuge. Er fand sie in den kleinen Tuchstädten in West- und Ostflandern, die sich selbst nur mit Mühe gegen die Eifersucht der großen Nachbarstädte wehrten, weniger Qualitätsware herstellten, aber billige Arbeitsverhältnisse hatten. Orte wie Poperingen und Dixmuiden im Westen, Wervicq, Menin an der Lys und das benachbarte Tourcoing, das es jetzt im französischen Staatsverbande wieder zu bedeutender Industrie gebracht hat, hatten die Deutschen ebenso zu Kunden wie das schlachtberühmte Audenarde an der Schelde, Alost und Dendermonde im Osten und Ardenburg in der Nähe des Swin. Mehrfach konstatieren die Quellen, daß in diesen Orten nur für den deutschen Abnehmer gearbeitet wird, was auch durch Abkommen mit der Genossenschaft der deutschen Kaufleute rechtlich festgelegt wurde. Ein Stoff zweiten Ranges, der gern zu Unterfutter verwandt wurde, war die Saye, die ganz im Westen der flandrischen Ebene, im prächtigen, alten St. Omer oder in dem Landstädtchen Ghistelles, nicht

zuletzt auch in Brügge, hergestellt wurde. Das spezifisch brüggische Erzeugnis waren die bis zum Knie reichenden Strumpfhosen. Sie haben sogar einen Hofdichter zu einem Hexameter begeistert:
Brugia, quae caligis obnubit crura potentum,
was sich etwa so wiedergeben ließe:
Brügge, Dein Hosenmachergewerbe
Bekleidet die Beine der Großen der Erde.

Von den Tuchständen bedurfte es nur weniger Schritte, und der Kaufmann befand sich im Bereich des südeuropäischen Handels. „Kolonialwaren" und Drogen en gros wurden im östlichen Flügel der Alten Halle unter dem Sammelnamen Gewürze an den Mann gebracht. Die „Gewürzhalle" hat etwa die Größe einer mittleren Markthalle, ist ziemlich eng und dumpfig gebaut und mochte nur wenige der zahllosen Gerüche der ausliegenden Waren durch die schmalen gotischen Fenster ins Freie lassen. Die eigentlichen „Gewürze", die hier auf ihrem langen Wege aus dem Orient dem Deutschen übermittelt wurden, waren bekanntlich von Küche und Therapie des Mittelalters ungleich höher bewertet als von der Gegenwart und wurden wohl auch mit Apothekergewinn an den Verbraucher abgesetzt. Zudem kaufte der Deutsche hier Südweine und Früchte, Baumöl, Reis und Baumwolle ein. Seine Lieferanten bezeichnete er summarisch als Lombarden, obwohl neben den Italienern mit ihren Drogen und feinen Textil- und Luxuswaren auch Spanier und Südfranzosen bedeutenden Anteil an diesem Handel hatten.

Während wir kein Mittel an der Hand haben, uns von dem Handel Brügges in seiner Blütezeit eine auf statistischem Material beruhende Vorstellung zu machen, besitzen wir einige Zahlen über die Stärke der deutschen Kaufmannschaft. Als nach der Katastrophe des flandrischen Heeres bei Roosebeke (1382) auch den fremden Kaufleuten in Brügge Gefahr drohte, und jedermann vor den Franzosen flüchtete, konnten doch 20 Hansegenossen nicht abkommen. So wenig Kaufleute sind wohl selten in Brügge gewesen; es war die Minimalgrenze, die erst zur Zeit des Niedergangs wieder erreicht wurde. Dagegen waren im Dezember 1449 nicht weniger als 600 Hansen in Brügge, Damme und Sluis auf einer Versammlung anwesend, unter denen sich allerdings auch die Nichtkaufleute wie Schiffer und Schiffsvolk befanden. Auch erfahren wir, daß von zwei Handelssperren gegen Flandern der deutsche Kaufmann mit etwa 150 Pferden (1391) und über 200 Personen (1457) zurückgekehrt ist. Daß sich unter dieser Menge ganz verschiedenartige Existenzen befanden, liegt auf der Hand, und die vielgestaltete Vergangenheit und das spröde Material aus drei verschiedenen Jahrhunderten spotten des Versuchs, den hansischen Kaufmann als solchen zu zeichnen. Aber es bleibt uns unbenommen, ihn als Angestellten, Teilhaber und Prinzipal zu beobachten, seine Tätigkeit und den Charakter seines Geschäfts zu beleuchten und einige Typen aufzustellen, die wenigstens eine entfernte Ähnlichkeit mit ihren einstigen Urbildern aufweisen mögen.

Es gilt als eine gewisse Norm, daß der Kaufmann seine Waren zu begleiten pflegte. Meistens war er denn auch sein eigener Reisender. Wer sich aber zum Chef eines größeren Betriebes aufgeschwungen hatte, war häufig zu Hause unabkömmlich und mußte seine Interessen in Brügge von anderen wahrnehmen lassen. Er griff zu diesem Zweck auf seine Handlungsgehilfen zurück — unter den zahlreichen, aber begrifflich wenig unterschiedenen Bezeichnungen für den kaufmännischen Angestellten war in Brügge besonders der Ausdruck Knape, dem kopgeselle entspricht, üblich —, händigte ihm Kaufmannsgut oder Geld ein und ließ es in Flandern vertreiben. Dies Auftragsverhältnis nannte man das sendeve. Da die Instruktionen mehr oder minder allgemein gehalten werden mußten und auch nicht häufig erneuert werden konnten, so war die Stellung des Beauftragten eine recht freie, und das eigene Ermessen und der selbständige Entschluß spielten eine große Rolle. Solche Sendevebevollmächtigte weilten bisweilen jahrelang im Ausland und leiten so hinüber zu den ständigen Vertretern am fremden Ort, den Liegern oder Faktoren. Ihre Verwendung war geboten, wenn der Kaufmann dauernd mit Brügge zu tun hatte; ihr längerer Aufenthalt, den der Name Lieger andeutet, ließ sie eng mit der dortigen Kundschaft verwachsen und förderte ihre Obliegenheiten als Kommissionäre und Agenten. Auch diese Betriebsform erheischte Vertrauen auf beiden Seiten, und nach bestem Wissen und Können sollte der Faktor die Sache seines Auftraggebers führen. Um sich der Vertreter völlig zu versichern, wurden sie häufig durch Gewinnbeteiligung an die Interessen des Kaufmanns gekettet, indem der Chef mit ihnen eine jener zahlreichen Handelsgesellschaften einging, an denen er partizipierte. Darin lag ein vortreffliches Mittel, die Person des Kaufmanns gleichsam zu vervielfältigen und ihn an verschiedenen Orten gleichzeitig tätig sein zu lassen. Die Zahl der eigentlichen Angestellten war recht gering, und mit einigen wenigen Kaufgesellen kamen selbst weitverzweigte Geschäfte aus. Um so mehr war die Arbeitskraft eines guten Partners willkommen.

Doch auch Senioren unter der deutschen Kaufmannschaft residierten oft jahrelang in Brügge, kauften sich am Krummen Ghenthof, in der Ritterstraße oder am Crommenwael im Kaufmannsquartier an und ließen ihre Angehörigen nachkommen. Als etwa 1409—1415 Lübecker die „Venetianische Gesellschaft" betrieben, deren Teilhaber in Brügge, Köln, Lübeck und Venedig den Versand von Pelzwerk nach Venedig besorgten und die von dort bezogenen Spezereien im Norden unterbrachten, übernahm Hildebrand Veckinchusen das Brügger Geschäft. Schon 1395 war er dort Ältermann der deutschen Kaufleute, 1409 konnte er sich bescheinigen lassen, seit sieben und einhalb Jahren nicht in Lübeck gewesen, sondern seinen Geschäften in Flandern nachgegangen zu sein, und noch 1422 befand er sich in Brügge, jetzt freilich verarmt und im Schuldturm von seinen Gläubigern bedrängt. Ebenso zog die zentrale Lage der Niederlande jene fähigen Kaufmannsgeschlechter aus Dortmund und Köln mächtig an, die im 14. Jahrhundert die Chancen, die ein großzügiger Handel mit England bot, trefflich zu nutzen verstanden. Wie London jenseits des Kanals, so waren Brügge und Antwerpen auf dieser Seite ihre dauernden Stützpunkte. Die Suderman, von Revele, Limberg sind die deutschen Vertreter des Kapitalismus, der seit dem Ausgang des 13. Jahrhunderts in Westeuropa seine Schwingen entfaltet hatte. Der ständige Geldbedarf der Höfe hatte ihn großgezogen, dem Unternehmergeist der italienischen Bankiers immer neue Nahrung zugeführt und ihnen zu bedeutender Kapitalakkumulation verholfen. Der Warenhandel dagegen, wie er in Brügge betrieben wurde, erwies sich als ziemlich spröde und wenig für den kapitalistischen Betrieb geeignet. Am ehesten bedurfte noch der Wolleinkauf in England zur Versorgung der flandrischen Tucherei größerer Summen, und von diesem Zwischenhandel aus sind die Dortmunder und Kölner Unternehmer von den englischen Königen anfangs gelegentlich und subsidiär, in den dreißiger und vierziger Jahren des 14. Jahrhunderts in der Geldnot des Hundertjährigen Krieges mit Frankreich auch zu größeren Darlehen herangezogen und in die Stellung englischer Staatsbankiers eingerückt.

Doch ihre Tätigkeit war nur eine Episode in der Geschichte des deutschen Kaufmanns, und so interessant auch ihre weitverzweigten, spekulativen Geschäfte erscheinen, da sie Gewähr leisten, daß es auch auf hansischer Seite nicht ganz an kapitalistischen Intelligenzen fehlte, so wenig sind sie typisch für den deutschen Handel in Brügge. Im Vergleich mit dem Gros der deutschen Kaufmannschaft stellen Tidemann von Limberg ebenso wie Veckinchusen und Genossen nur eine dünne Oberschicht dar. Die Kraft des deutschen Handels lag nicht in einzelnen großen Finanzleuten, wie sie Italien vom 13. bis 16. Jahrhundert nach den Niederlanden sandte, sondern in der aktiven Betätigung weiter Kreise bis tief ins Binnenland hinein, und die kaufmännische Tüchtigkeit prägte sich weniger in einzelnen großen Individuen aus als in dem Wagemut und Tätigkeitsdrange des ganzen Standes. Wo für den deutschen Kaufmann etwas zu erreichen war, im ganzen Norden und Osten, in England und in Flandern und weiter an den französischen und spanischen Küsten war er zu finden, und er kam nicht als Geldleiher und Wucherer wie der Lombarde, sondern als Schiffer und Kaufmann, der dem Warenhandel nachgehen wollte.

Ein typischer Vertreter des Kölner Handels in den Niederlanden war der Rheinweinhändler, der aus seiner Vaterstadt, dem „Weinhaus der Hanse," den Wein nach Brügge führen ließ, wo er in den von ihm eingerichteten und ausgestatteten Weinkellern verzapft oder an die Trinkstuben weitergegeben wurde. 1455 wurde in mindestens acht Schenken das Produkt deutschen Weinbaus kredenzt. Genau wie heute zeigte sich auch das flandrische Braugewerbe dem deutschen Import nicht gewachsen. Im 13. Jahrhundert gelangte vornehmlich Bremer Exportbier nach Brügge; seitdem standen die Hamburger unbestritten an der Spitze der Biereinfuhr aus den norddeutschen Städten. 1396 ließen sich 60 Hamburger einmal gleichzeitig Geleit vom Grafen von Holland für seine Gewässer erteilen; wir werden in ihnen zum guten Teil Bierhändler zu sehen haben. Die norddeutschen Binnenstädte, wie Braunschweig, Lüneburg, Stendal, Magdeburg, interessierte vornehmlich der Bezug flandrischer Tuche: Als Repräsentant des deutschen Tuchhandels machte sich der Wandschneider nach Flandern auf, der dort ganze Laken erwarb, um sie daheim im Ausschnitt an den Mann zu bringen. Heute würde er zu den Detaillisten gehören; damals sicherten ihm der Einkauf in der Ferne „über See und Sand" und die engen Verhältnisse der mittelalterlichen Stadt eine recht angesehene Stellung innerhalb der Bürgerschaft. Der Lübecker wandte sich zwar mit seinen Pelzen an die Reichen und verkaufte Wachs an die Kirchen und Höfe; aber die übrigen baltischen Erzeugnisse, Pech, Teer und Asche, Holz, Getreide und Heringe waren alles andere als Luxuswaren, mit denen die landläufige, weitverbreitete Anschauung jeden mittelalterlichen Händler ausstattet. Danach führt er mindestens einige Ballen Seide, Toledaner Klingen und scheffelweise köstliche Gewürze mit sich, ganz zu schweigen von den feinen Schleiern und Edelsteinen, die er den Burgfräulein offeriert. Soweit solche romantischen Vorstellungen einen realen Hintergrund haben, sind sie von süddeutschen und südeuropäischen Verhältnissen abstrahiert. Der Hanse gleicht wenig dieser Gestalt alter und neuer Romane. Aber dafür ist er auch nicht als Krämer in die Geschichte eingetreten, der Drogen und Galanteriewaren auf den Edelhöfen feilbietet, sondern als wagender Kaufmann und Seefahrer, der draußen im Ausland sein Glück erprobt.

Die Kaufleute vom Rhein bis Livland waren in Brügge in der Genossenschaft „des deutschen Kaufmanns" vereinigt. Später ist für die Organisation der Ausdruck „Brügger Kontor" üblich geworden. Die Genossenschaft besaß eine höchst eigentümliche Verfassung und zerfiel wieder in drei Untergenossenschaften, das Lübisch-Sächsische, das Westfälisch-Preußische und das Livländisch-Gotländische Drittel, die in internen Angelegenheiten ein gewisses selbständiges Leben führten, ihre eigene Kasse hatten und zwei ihrer Mitglieder in das Kollegium der Älterleute, sechs in den Achtzehnerausschuß zur Leitung der Kontorangelegenheiten entsandten. Nach außen hin traten die subtilen Unterscheidungen jedoch nicht in Erscheinung, und das Kontor als Ganzes wurde

Träger und Hüter der Rechte, die es erwarb. Es handelte
sich um eine feste, durch Privilegien verbürgte handelspolitische
Grundlage; man suchte zur Fixierung oder Ermäßigung der Zoll=
tarife zu gelangen, das Fremdenrecht liberaler zu gestalten und
durch Abmachungen über die Wage, Maklertaxen, Hosteliers usw.
der Ausbeutung durch die Einheimischen einen Riegel vorzuschieben.
Seitdem 1356 die Hansestädte die Genossenschaft unter ihre Kon=
trolle gestellt hatten, empfing sie ihre Direktiven von Lübeck und
leistete der Hanse wichtige diplomatische Vorspann= und Vermittler=
dienste. Als Organisation mächtiger Abnehmer übte „der Kauf=
mann" eine Art Warenpolizei aus, indem er die Reklamationen
der heimischen Kunden an zuständiger Stelle in Flandern nach=
drücklich unterstützte, aber auch Beschwerden des nichthansischen
Westens an die Hansestädte weitergab. Auch den Mitgliedern
gegenüber vertrat das Kontor die Grundsätze des soliden Handels;
unlauterer Wettbewerb durch Verbreitung falscher Nachrichten,
Vorkauf, auch Mißbrauch der Hanserechte zugunsten Fremder wurde
geahndet. Auch hielt man darauf, daß der Genosse vor dem
„Kaufmann" Recht nahm, und nur schwere Strafsachen waren
der flandrischen Gerichtsbarkeit vorbehalten. Wurde ein Hanse
vor ein flandrisches Gericht gezogen, so begleiteten ihn die Älter=
leute seines Drittels als Rechtsbeistände.

Sollte das Kontor seine Funktionen vollkommen erfüllen, so
hatte es den Mittelpunkt für die einzelnen Kaufleute während
ihres ganzen Brügger Aufenthalts abzugeben. Ein gewisser Ab=
schluß nach außen war dadurch bedingt, wurde auch gern gesehen
und durch gesetzgeberische Maßregeln begünstigt. Der „Kaufmann"
mußte die Genossen in der Hand haben, wenn es zu Konflikten
kam. Es wäre wunderbar gewesen, wenn während der drei Jahr=
hunderte, in denen die Deutschen in Flandern verkehrten, nicht
auch Reibungen zwischen ihnen und den Vlamen vorgefallen
wären. Differenzen privater geschäftlicher Art konnten nicht aus=
bleiben, und wer den selbstbewußten Vlamen kennt, weiß, wie er
mit Hartnäckigkeit seine wirklichen und vermeintlichen Rechte ver=
teidigt. Eine temperamentvolle Vlämin und ihr Sohn drohten
einem Hildesheimer, den sie für die Schuld eines flüchtigen Ge=
schäftsfreundes verantwortlich machten, mit Totschlag, und als
man zu gütlicher Aussprache im Refektorium des Karmeliter=

klosters zusammengekommen war, drangen die resolute Witwe und
ihre Helfer auf den Gegner ein, verfolgten ihn an geweihter
Stätte und hielten ihn 48 Stunden belagert, bis er schließlich
von seinen Alterleuten befreit wurde. Wir wissen freilich nicht,
wie die Brügger Gegenseite diesen Fall darstellte, und eine so be=
denkliche gewalttätige Selbsthilfe war gewiß eine Ausnahme in
dem fortgeschrittenen Rechtsstaat, wie es die Grafschaft Flandern
war. Große Unzuträglichkeiten brachte dagegen die Rechtszersplitte=
rung mit sich. Landesherrliche und städtische Befugnisse, Zoll=
und Stapelbestimmungen, Landes= und Deichrechte kamen für die
Regelung des Verkehrs in Betracht, während die Fremden auf
ihren Privilegien bestanden. Draußen am Hafen übten die Be=
amten eine äußerst strenge Polizei aus, legten ihre Instruktionen
auf ihre Weise aus, verhängten hohe Bußen, wobei sie freilich
gegen Geld und gute Worte mit sich reden ließen, und kümmerten
sich nicht weiter um die Bedürfnisse des Verkehrs. Der Fremde,
der mit den komplizierten Rechtsverhältnissen nicht vertraut war,
konnte vom Regen in die Traufe kommen. Heinrich Lange aus
Königsberg, der das Swin nur als Nothafen angelaufen hatte,
mußte verzollen, weil seine Mannschaft leere Kisten verkauft hatte,
und sollte dann auf Grund der Zollzahlung die ganze Ladung
in Brügge verstapeln. Die Stadt Brügge, die das größte Inter=
esse an der strengen Durchführung des Stapelrechts hatte, war
selbst die zuständige Instanz, entschied gegen Lange, und es be=
durfte einer größeren Zahlung an den Hafenmeister, ehe der
Schiffer, im ganzen um die Summe von 60 Schilden erleichtert,
wieder auslaufen durfte. Nur einen faustgroßen Stein wollte ein
Stralsunder in den Sand gestoßen haben, den die Art seines
Schiffszimmermanns gelockert hatte, als auch schon die hohe Obrig=
keit ihn mit einer Buße von 100 Pariser Pfund bedachte und
ihm im Nichtzahlungsfalle mit dem Verlust einer Hand — man
konstruierte offenbar ein Vergehen gegen das Deichrecht — be=
drohte. Der Deutsche mußte von Pontius nach Pilatus laufen
und seine Wirte in Sluis und Brügge aufbieten, bis er endlich
mit einer Strafzahlung von 11 Pfund davonkam. So konnte der
Fremde nach allen Regeln des Rechts behandelt werden und
empfand trotzdem das Vorgehen der flandrischen Behörden als
empörende Chikane, die ebenso wie offene Gewalt geeignet war,

Erbitterung und Haß zu säen. Auch wenn sich beide Teile auf den Boden des Privilegienrechts stellten, so versteht sich, daß die Auslegung häufig strittig war, und die Brügger Rechtsprechung sich durchaus nicht immer den Forderungen der Kaufleute anbequemte.

Zudem war im 14. Jahrhundert, als Brügge dem handeltreibenden Europa am unentbehrlichsten war, Flandern der Schauplatz wilder Kämpfe. Wohl strebte das Land in richtiger Erkenntnis seiner wirtschaftlichen Sonderstellung nach Neutralität; aber die Wucht der Ereignisse ließ die wohlgemeinten Bestrebungen nicht aufkommen. Griffen die Gegensätze der Westmächte, der große Streit zwischen Frankreich und England, nach Flandern hinüber, so wurden die Leidenschaften vollends in ihren Tiefen aufgewühlt durch die Bürgerkriege, welche die Städte gegen den Landesherrn, die Masse gegen die besitzende Oberschicht, eine Zunft gegen die andere unter die Waffen riefen. Es kam vor, daß man sich inmitten des Blutvergießens der Pflichten gegen die unbeteiligten fremden Kaufleute bewußt blieb, und als die Genter Popularen 1382 den Grafen von Flandern und seine Brügger Anhänger aus der Stadt hinausgeschlagen hatten, war ihr erstes, die fremden Kaufleute ausdrücklich ihres Schutzes zu versichern und auf Gewalttätigkeiten gegen sie den Tod zu setzen. Doch auch die Genter mußten später zugeben, daß mancher als ihr Parteigänger seinen bösen Gelüsten gefröhnt habe. Unvermeidlich waren die mittelbaren, aber nicht minder fühlbaren Schäden solcher Unruhen, der Stillstand des gesamten Verkehrs, die Unsicherheit zur See und zu Lande und die Verluste der einheimischen Geschäftsfreunde, die als angesehene und wohlhabende Parteimänner von den Gegnern besonders aufs Korn genommen wurden. Die hansischen Waren reizten zu Requisitionen; beschlagnahmtes Wachs konnte der Graf von Flandern zu Gelde machen, Pferde waren stets zu verwenden und Johann Scharpe aus Münster mußte 1384 zusehen, wie die Häuser auf seinem Anwesen in Damme zum Bau neuer Bollwerke niedergebrochen, und die Pfähle seines großen Holzhofs als Pallisaden verbraucht wurden. Wer bürgte für Zahlung, wenn schon Requisitionsscheine gegeben wurden? Nach der entscheidenden Katastrophe der popularen Sache bei Roosebeeke (1382) wurde sogar die Exterritorialität der fremden Kauf-

leute nicht anerkannt, eine Loskaufsumme bestimmt und Verhaftung
der Älterleute angeordnet. War das zur Not noch mit dem
starren Kriegsrecht zu verteidigen, so hat 1436 die tobende Volks=
menge in Sluis in plötzlich aufflammendem Haß gegen die Hansen
als Freunde der Engländer gewütet und an 100 Osterlinge nieder=
geschlagen und ermordet.

Daß solche Vorkommnisse Sühne erheischten, wurde auch von
den Vlamen nie bestritten. Der „Kaufmann" griff regelmäßig,
wenn das Verhältnis zu Brügge und Flandern zu wünschen übrig
ließ, zum Mittel der gemeinsamen Abwanderung nach einem
andern Handelsorte und der Handelssperre gegen Flandern. Über=
haupt ist der Boykott die eigentliche Waffe der mittelalterlichen
Kaufmannschaft. Man wandte ihn an gegen Widerspenstige aus
den eigenen Reihen, gegen Beamte, von denen man sich benach=
teiligt glaubte, und ebenso gegen Stadt und Land. Genossen=
schaftsmitglieder gingen zudem noch der eigenen Hanserechte ver=
lustig; gegen Nichthansen ließ man nur das Schwergewicht der
wirtschaftlichen Schädigung wirken. Gewiß bedeutet dies Ver=
fahren einen wichtigen Kulturfaktor; es wirkte im Sinne des
Friedens als ein Versuch, auf Gewalt zu verzichten. In der Tat
haben die Mißhelligkeiten, die von Zeit zu Zeit sich einstellten,
nie zur Fehde zwischen der Hanse und Flandern geführt. Be=
denklich war nur, daß der „Kaufmann" durch Brügges Boykot=
tierung sich auch den besten Markt sperrte. Die Versuche, ander=
weitig Ersatz zu finden im flandrischen Ardenburg, im holländischen
Dordrecht und endlich in Deventer und Utrecht, waren nur Not=
behelf. Grade bei diesen Krisen, zwischen denen übrigens Jahr=
zehnte friedlichen Verkehrs liegen, zeigte es sich, daß sich Deutsche
und Vlamen nicht wohl missen konnten. Wenn daher Einigung
über die Streitpunkte erzielt und Genugtuung für vorgefallene
Gewalttaten durch offizielle Entschuldigungen, Errichtung von
Sühnekapellen und Entschädigungssummen zugesagt war, kehrte
der „Kaufmann" gern nach Brügge zurück. Im ganzen fand der
internationale Handel doch nirgends so viel Bewegungsfreiheit
wie dort. In Venedig wurden die Bürger der stolzen süddeutschen
Reichsstädte von der Republik viel unsanfter angefaßt. Die Orient=
fahrt war untersagt, im deutschen Fondaco waren sie nach orien=
talischem Vorbilde kaserniert, eine Preistaxe regelte den Handel

und mit dem Erlös ihrer Waren war Wiedereinkauf neuer Artikel vorgeschrieben. In Flandern dagegen fielen alle diese Beschränkungen bis auf geringe Überbleibsel des Fremdenrechts weg, und anstatt in Brügge den Endpunkt ihrer Handelsreisen zu sehen, gingen die Deutschen gern von dort aus zu weiteren Unternehmungen in Westeuropa vor.

Leichter war es, das Verhältnis zu den anderen Kaufmannschaften in Brügge gut zu gestalten. Eine Art internationaler Arbeitsteilung begünstigte das friedliche Nebeneinander. Die natürlichen Arbeitsbedingungen hatten die einzelnen Warenzüge in feste Hände gegeben; nach einer Monopolstellung im ganzen Umkreise des Brügger Handels trachtete niemand. Einzelne Vorstöße kommen vor, wie jene venetianische Gesellschaft der Veckinchusen eine geniale Kombination des deutschen und des venetianischen Geschäfts bedeutet; sie brauchten aber nicht gleich Haß und Eifersucht innerhalb der Brügger Kaufmannskolonien hervorzurufen. Es genügte, wenn die heimischen Gewalten ein Auge auf solche Vorkommnisse hatten und ihnen gegebenenfalls entgegentraten. Wohl kam es zu Konflikten zwischen Deutschen und Spaniern oder Schotten; aber sie nahmen eher ihren Ursprung bei Kapereien auf offener See als im Schoße der Brügger Korporationen, um dann freilich auch auf den allgemeinen Zentralpunkt überzuspringen. Im allgemeinen wurden korrekte, höfliche Beziehungen unterhalten, und gelegentlich ist man auch gemeinsam zur handelspolitischen Aktion geschritten.

Wenn die Wichtigkeit des baltisch-deutschen Handels den Deutschen bereits eine hervorragende Stellung unter den Fremden sicherte, wenn sie unter den Nordeuropäern die führende Nation, unter allen Fremdkaufleuten etwa primi inter pares waren, so verhalf ihnen die Zugehörigkeit zum Römischen Reich nicht minder zu Ansehen. Das Reich kümmerte sich wenig um seinen Auslandshandel; aber der Kaufmann erinnerte sich doch gern der Tatsache, daß er unter dem höchsten Herrscher der Christenheit stand. Das stereotype Geschenk des Kontors an befreundete Gotteshäuser waren Glasfenster mit Bildnissen des Kaisers und der sieben Kurfürsten, und die Tapisserie des „Kaufmanns", die bei den Feierlichkeiten der jährlichen Wahl der Älterleute im Chor der Karmeliterkirche aufgehängt wurde, wies ebenfalls die Figuren von

„Kaiser und Kurfürsten" auf. Auch der Wappenbrief, den das Kontor 1486 von Kaiser Friedrich III. erwarb, und der den schwarz-gelben Doppeladler mit gleichfarbiger, von einer Kaiserkrone überragten Helmdecke zeigt, gehört in diesen Zusammenhang. Einen unmittelbaren Rückhalt hatte das Kontor an der Hanse. Von ihr wußten die Niederländer herzlich wenig, vielleicht nicht viel mehr, als daß 72 Städte diesem Städtebunde angehören sollten. Aber eben diese vage Kenntnis, die der Phantasie freien Spielraum ließ, erhöhte den Respekt vor der Macht der Städte, die durch erfolgreiche handelspolitische Unternehmungen und durch die großen Privilegienerwerbungen so deutlich ans Licht trat. Eben jene Privilegien trugen nicht wenig dazu bei, das Selbstgefühl der Hansen zu heben. An sich sind sie nichts weiter als die Handelsverträge der Epoche; beide Teile einigten sich zuvor über den Inhalt, und beträchtliche Gegenleistungen wurden verlangt. Die Urkunde selbst aber stellt nur einen einseitigen Akt des Ausstellers dar, der Rechte verleiht. Wem sie zuteil wurden, der faßte sie als „Freiheiten" und „Vorrechte" auf, da sie andern in der Tat abgingen, und hielt sich als Privilegierter für verpflichtet, den Kopf hoch zu tragen. Vielleicht wurden von den einfachen Leuten gar nicht einmal die materiellen Vorrechte, wie sie sich in Zollerleichterungen manifestierten, als vielmehr gewisse Äußerlichkeiten am höchsten eingeschätzt. Welchen Eindruck mußte es nicht in den Matrosenschänken von Sluis machen, wenn ein Eingeweihter erzählte, der „deutsche Kaufmann" verlange vom Herzog von Burgund, dem Königsohn von Frankreich, trotz Pfahlwerk und Ketten der Hafensperre auch zur Nachtzeit in den Hafen einzulaufen! Fügen wir hinzu, daß der mittelalterliche Kaufmann an sich schon aufrecht einherging, weil er Waffen mit sich führen durfte, so wird es gewiß, daß der Deutsche es an Selbstbewußtsein nicht fehlen ließ.

Zweites Kapitel.
Übergangszeit.

Brügges Rückgang: Verlandung des Hafens, Niedergang der Tuchindustrie. — Die übrigen niederländischen Landschaften. — Die Kaufmannsgenossenschaften bedroht; Stapel und Schoß. — Äußerer Glanz: Feste und Kaufmannshaus. — Die Hansestädte und die niederländische Kultur.

Noch während Brügge in vollem Flor stand, nahten sich die Gefahren, die den Handel von dort verjagen sollten. Wo der Mensch es wagt, in der Nähe großer Wassermassen sich anzusiedeln, ist er zunächst nur auf den Schutz seiner Wohnstätte bedacht. Sucht er später in kühnem Zugriff den Fluten Land abzugewinnen und seine Deiche und Polder vorzuschieben, so gilt seine Fürsorge noch immer in erster Linie dem eroberten Ufer. Doch die Landgewinnung beengt die Fluten und beraubt sie der freien Bewegung, bis sie sich gänzlich zurückziehen. Dem landbauenden Anlieger kann es willkommen sein; aber Schiffahrt und Handel finden die Fahrrinne bedroht und ihre ganze Existenz in Frage gestellt. Es bleibt nichts übrig, als dem weichenden Wasser nachzuziehen oder durch künstliche Mittel den erwünschten Zustand wiederherzustellen. So etwa ist die Entwicklung bei Brügge verlaufen. Bis zum 12. Jahrhundert mochte die ganze Gegend nordöstlich der Stadt zur Frühjahrszeit einem ungeheuren See gleichen und im Sommer weite Sumpfstrecken aufweisen, von denen sich die spärlichen Sieblungen wohlweislich fernhielten. Im 13. Jahrhundert wurde der Platz an der Fahrrinne umworben, eine Hafenstadt nach der andern entstand, und jede Neugründung rückte näher an die nahrungspendende See heran. Wieder ein Jahrhundert verging, und die Gefahr der Versandung war schon in greifbare Nähe gerückt. Hansische Schiffer, die auf dreißigjährige Befahrung der flandrischen Gewässer zurückblickten, schoben 1401 die Schuld auf das Pfahlwerk, das während des letzten Bürgerkrieges (1380 bis 1384) das Swin gesperrt hatte. An dessen Pfählen und Balken mochte sich in der Tat eine Barre von Schlick gebildet haben. Aber auch die Binnenfahrt nach Brügge-Stadt war in einem traurigen Zustande. Leichter brauchten bis zu drei Wochen, ehe sie die 9 km von Sluis bis Damme zurücklegten (1420), und es kam vor, daß die Kaufleute überhaupt auf ihre Dienste verzichteten, die Waren aus den Schuten auf Wagen laden und auf der Landstraße nach Brügge führen ließen. Mochte kurzsichtiger Eigennutz diese Mißstände bisweilen nicht ungern sehen, so haben doch die Interessenten, voran die Stadt Brügge, ihr Möglichstes an der Swinkorrektion getan. Kommissionen wurden niedergesetzt, Lokalinspektionen vorgenommen, die Ursachen des Übels erwogen und alle Mittel der Abhilfe durchprobiert. Bald plante man ein Schwemmbassin, bald kostspielige Schleusenbauten oder einen Durchstich, der Scheldewasser und Meeresflut wieder zuführen sollte. Tausende vlämischer Pfunde haben die Bauten von Jahrzehnt zu Jahrzehnt verschlungen, eine Unsumme von Arbeit wurde darauf verwandt, und doch haben alle Anstrengungen kein wirklich befriedigendes Resultat gehabt. Zeiten der Besserung stehen Perioden völligen Niedergangs gegenüber, so daß man wohl Sluis mit dem einst stark besuchten, jetzt verlassenen Welthafen Akkon im Heiligen Lande verglich. Für die heutige Technik wäre die Aufgabe, eine brauchbare Wasserstraße herzustellen, vielleicht gar nicht so schwierig gewesen; damals mußte das Werk ohne genügende Karten und die grundlegenden Berechnungen nur auf Grund der empirischen Kenntnis der Werkmeister unternommen werden, die sich zwar vortrefflich auf künstliche Basteleien verstanden, aber nichts von großen Dimensionen und Massenwirkungen durch Menschenkraft und Material wußten, die allein den Erfolg hätten herbeizwingen können. Mit den kleinen Mitteln, deren man sich bis ins 19. Jahrhundert beim Wasserbau bediente, war besten Falls leidliche Sicherung der Binnenfahrt und die Möglichkeit einer vorsichtigen Navigierung unter Assistenz von Lotsen im gut betonnten Außenswin zu erreichen. Inzwischen hatten sich aber die Kapitäne bereits an andere Reeden gewöhnt.

Das ausgehende 14. Jahrhundert sah auch den Rückgang der flandrischen Tuchindustrie, an der bisher der Brügger Handel einen zuverlässigen Rückhalt hatte. Die Tuche wurden teurer und schlechter, und gerade der durch die Deutschen vermittelte Export wohlfeiler Stoffe nach dem Osten mußte unter der aufblühenden englischen Konkurrenz um so mehr leiden, als diese wie jede junge Industrie anfänglich mit billiger Ware arbeitete. Beide Momente des Rückgangs waren für Brügges Weltmarkt um so bedenklicher als er gerade umgekehrt neuer Mittel bedurft hätte, um sich auf der alten Höhe zu behaupten. War bisher die Grafschaft Flandern um einige Generationen den übrigen niederländischen Landschaften in wirtschaftlicher und sozialer Beziehung voraus gewesen, so war sie um 1400 von Brabant, Holland und Seeland einigermaßen eingeholt. Auch außerhalb Flanderns gab es jetzt mehr Erwerbs= möglichkeiten. Den Deutschen hatte Brügge niemals so aus= schließlich an sich fesseln können, daß er nicht auch die anderen Märkte des Landes besucht und in Gent und Ypern seinen Tuch= vorrat mit den dortigen hochwertigen Stoffen komplettiert hätte. In der alten Bischofsstadt Tournai hatten die Kölner kauf= männische Interessen, und nach Mecheln, dem Sitz einer bedeutenden Tuchindustrie, lieferten die Hansen einen Teil des Wollbedarfs. Wie der Kaufmann früher auf die flandrischen Landesmessen ge= zogen war, so erschien er jetzt auf den Messen Brabants in Ant= werpen und Bergen=op=Zoom, die jenen den Rang abgelaufen hatten. Begreiflicherweise waren es besonders die Kaufleute vom Rhein und aus Westfalen, die sich bei den ihnen so wesensverwandten Brabantern festgesetzt hatten. Köln stand seit langem mit Brüssel in Verkehr, und seine Bürger kauften sich in Antwerpen an; die Dortmunder hatten in der Scheldestadt sogar ihre eigene Genossen= schaft, und aus Dortmund stammte auch Heinrich Suderman († 1345), der als einer jener hansischen Kapitalisten seine Unter= nehmungen von Antwerpen aus leitete. Von den vier frommen Stiftungen, die er aus seinem Vermögen der Stadt zuwandte, existieren noch zwei, und ebenso soll in der Nähe der Kathedrale eine Straße noch heute seinen Namen führen, nachdem der Volks= mund etwas despektierlich eine „Sauerstraße" (Zuurstraat) daraus gemacht hatte. Auch an den Rheinmündungen, die erst die aller= neueste Entwicklung mit dem imposanten Welthafen Rotterdam begaben sollte, prävalierte der Handel der Kölner und ihrer Gefolgsleute vom Niederrhein. Sie kamen im 15. Jahrhundert vornehmlich nach dem Städtchen Brielle an der Alten Maas, doch auch nach Vlaardingen, Schiedam und Rotterdam zum Kauf des Herings, den die Heringbüsen anbrachten. Auch Salz ging viel rheinaufwärts. Seine hauptsächliche Produktionsstätte waren die Seeländischen Inseln, wo es anfänglich durch das Brennen des salzhaltigen, torfähnlichen Darinc gewonnen wurde, während man sich später mehr auf das Einsieden von Seesalz verlegte. Kamen die Schiffe aus den französischen und iberischen Häfen, so lieferten sie ihre Ladung an die Salzkeeten auf Walcheren und Beveland ab, um das raffinierte Produkt dafür einzunehmen und nach dem Osten zu verfahren. Dorthin wanderten auch die Tuche der holländischen Städte, mit Leiden an der Spitze, die besonders in der zweiten Hälfte des 15. Jahrhunderts die Hansen zu ihren besten Kunden zählten. Freilich fand auch der holländische Eigenhandel in den baltischen Ländern, der den Hansen ernstliche Sorge machte, an diesem Export eine starke Stütze. Im Ostseeverkehr strebte Amsterdam nach der führenden Stellung, und seine regen Beziehungen zu Danzig und dem Ordenslande brachten es mit sich, daß besonders die Bürger der preußischen Städte viel in Amsterdam zu tun hatten. Auch gab es dort und in älterer Zeit auch in Utrecht eine Hamburger Hanse (Genossenschaft), die 1358 zwei Älterleute erhalten haben soll. In der Nikolaikirche (Oude Kerk) zu Amsterdam erwarb sie den „Hamburger Choor", eine Kapelle, die einen Altar von Peter und Paul und acht Grabstätten enthielt. Alljährlich vereinte die Bruderschaft ein Mahl in der Herberge zur „Goldenen Hand", und das Interesse an dem Besitztum ließ erst nach, als zur Zeit der Republik der Generalstaaten die lutherische Gemeinde von Amsterdam zur Erbauung einer eigenen Kirche schritt. Was die Hamburger an Amsterdam fesselte, war der Vertrieb des heimischen Bieres in Holland. Auch jenseits der Südersee hatten sie einen ähnlichen Stützpunkt in ihrer Hanse zu Staveren, die 1365 das Recht der Amsterdamer Genossenschaft erhielt. Sonst bewegte sich in dem städtearmen friesischen Gebiet der Händler aus Hamburg und Bremen viel auf dem platten Lande, um die friesische Butter einzuhandeln. Eine rege Küstenfahrt verband die friesischen Marschen mit der Niederelbe, während Bremen vornehmlich mit dem östlichen Hauptort der Gegend zwischen Vlie und Ems, dem sächsischen Groningen, in Verbindung stand. Hier sowie südlich an der Ijssel befinden wir uns bereits in einem Gebiete, dessen Teilnahme am Recht des deutschen Kaufmanns und Hansefähigkeit zwar nicht unbestritten waren, aber seit dem 15. Jahrhundert doch zur Anerkennung gelangten. Wirtschaftlich standen Overyssel und Geldern dem westfälisch-niederrheinischen Handel nahe, und ebenso haben die Ijsselstädte an den spezifisch hansischen Betrieben in Schonen und Bergen teilgenommen oder Frachtfahrt nach Osten und Westen getrieben.

Die zunehmende Produktions- und Aufnahmefähigkeit der sämtlichen niederländischen Landschaften bot dem internationalen Handel neue Gewinnmöglichkeiten. Aber die dadurch bedingte Emanzipation von Brügge stellte alle fremden Kaufmannschaften vor ein schweres Problem. Ihre Kaufleute berührten Brügge gar nicht mehr, oder wenn sie es noch wie die Überseer als Ausgangspunkt beibehielten, nur zu kürzerem Aufenthalt. Wohl bewahrte Brügge seinen alten Vorzug als ständig dem Handel zugänglicher Markt; aber weil er nicht mehr so gut und ausschließlich wie früher besandt wurde, und der Abnehmer ausblieb, mußte man dem Verkehr schon auf die temporären Zentren der Messen von Antwerpen und Bergen-op-Zoom folgen. Unmerklich, allmählich vollzog sich der Umschwung; aber die Tatsache, daß Brügge, der Sitz der fremden Nationen, nicht mehr der bevorzugte Aufenthaltsort ihrer Angehörigen war, ließ sich nicht bestreiten. Für ein modernes Konsulat wird man es als eine selbstverständliche Forderung ansehen, daß es dort residiert, wo das Gros der Kaufmannschaft zu finden ist; eine Lebensfrage war dies vollends für eine Brügger Kaufmannskorporation, die als Kristallisationspunkt des gesamten Lebens ihrer Angehörigen wirken und eine weit innigere Verbindung zwischen sich und ihren Mitgliedern herstellen sollte, als die Beziehungen zwischen einem heutigen Konsulat und den Staatsangehörigen, die es zu vertreten hat, zu sein pflegen. Somit hätten die Brügger Nationen ihren Schutzbefohlenen nachziehen und ihre Residenz verlegen müssen. Aber der Verkehr hatte ja eine Dezentralisation erfahren, und während des 15. Jahrhunderts gab es noch keinen Platz, der das alternde Brügge voll und ganz ersetzt hätte. Antwerpen, an das man zunächst denkt, war erst im Aufsteigen begriffen. Nach seiner Herbstmesse, dem Großen- oder Bamismarkt, war es auch mit der Konzentration des Verkehrs vorbei, den sie gebracht hatte, und wenn das hansische Kontor dort während der Meßzeit geweilt hatte, blieb ihm am letzten Meßtage nichts anderes übrig, als nach Brügge zurückzukehren. Andere Kaufmannschaften haben wohl experimentiert und sich bald in Antwerpen, bald in Middelburg oder Vere versucht, doch soweit zu ersehen, ohne befriedigenden Erfolg. Der Verkehr schien die korporative Einheit der Kaufleute, die er erst herbeigeführt hatte, wieder auflösen zu wollen.

So einfach ferner eine Übersiedlung des Brügger Kontors vom Swin nach der Schelde erscheint, so viel handelspolitische Schwierigkeiten bot sie in Wirklichkeit. Man konnte nicht einfach die Kiste mit den Privilegien nach Antwerpen schaffen lassen; denn die Mehrzahl der „Freiheiten" galt nur für Flandern, nicht aber für die Scheldestadt. Hier hat allerdings das Kontor eingegriffen und mit Erfolg die handelspolitische Stellung der Hanse an den neuen Verkehrsplätzen ausgebaut. Bei solcher Gelegenheit erhielt der „Kaufmann" 1468 von Antwerpen ein Haus „de Cluse" am Alten Kornmarkt und 1477 „de Zekel" von Bergen-op-Zoom zum Geschenk, die den Kontorbeamten während der Marktzeit zur Wohnung dienen sollten. Doch die Hanse beabsichtigte, auch den Glanz der Brügger Freibriefe wieder aufzufrischen. Sie wollte dem Brügger Handel aufhelfen, indem sie Brügge zum „Stapel", d. h. zum obligatorischen Verkaufsort der flandrischen Tuche einerseits und der hochwertigen Standardartikel des baltischen Handels anderseits machte. Früher hatte die wirtschaftliche Anziehungskraft diese Waren nach Brügge geführt; jetzt sollte der Zwang den alten im Schwinden begriffenen Zustand wiederherstellen. Der Versuch, die Handelsbewegung nach eigenem Willen zu lenken, entbehrt nicht der Kühnheit; aber es war doch ein sehr gewagtes Unterfangen, auf der alten ökonomischen Basis weiterzubauen, als der Verkehr zur Erweiterung drängte. Zu viele Interessen wurden verletzt, um nicht zu fortwährender Opposition im Schoße der Hanse Anlaß zu geben, während anderseits Lübeck und seine Genossen um so mehr am Stapel festhielten, als er ihnen als Kampfmittel im Konkurrenzkampf gegen die Holländer diente. Wer den Bestimmungen des Stapels nachlebte, kam schon mit verteuerter Ware in Brügge an, ohne die Gewähr zu haben, sie sogleich abzusetzen. Wer sie umging, dem winkte doppelter und dreifacher Profit. Tragen doch solche Zwangsmaßnahmen die Prämie für die Übertretung gleich in sich. Der Verkehr ging nach Möglichkeit über das Recht hinweg, und wenn sich Depots von Stapelwaren, die sogenannten „wilden Läger" trotz aller Strafandrohungen in Antwerpen und Mecheln, Middelburg und Vere, Amsterdam und Utrecht befanden, so zeigt das, wie weit die Wirklichkeit von den Absichten der Gesetzgeber sich entfernte. Große Unzuträglichkeiten brachte auch die Beitreibung der nötigen

Gelder zur Unterhaltung des Kontors mit sich. Seine Aufgabe, die diplomatischen und handelspolitischen Vorarbeiten für die Hanse zu leisten, verlangte große Aufwendungen, die der Schoß, eine Umsatzsteuer von $1/240$ des Warenwertes, zu decken bestimmt war. Über die Schoßzahlung stritt Köln mit dem Kontor, und der jahrzehntelange Zwist hielt den westlichen Flügel der deutschen Kaufmannschaft vom Rhein und der Südersee in Atem. Auch die allgemeine Handelspolitik gegenüber den Niederlanden wollte nicht mehr die alten Erfolge aufweisen. Dem mächtigen burgundischen Hause, das eine Landschaft nach der anderen sich angliederte, Konzessionen abzugewinnen, war schwer, und während die Hanse früher mit den kleinen Dynasten und Städten von Flandern, Brabant und Holland zu tun gehabt hatte, stand man jetzt einem werdenden Einheitsstaat gegenüber. Waren schon früher die Verkehrssperren unwillig ertragen, als sie noch die gewünschten Resultate brachten, so wirkten sie jetzt hemmend und auflösend. Alles kam zusammen, um zwischen Kontor und Kaufmannschaft eine bedauerliche Entfremdung herbeizuführen. Die polizeilichen Funktionen des Kontors traten unliebsam hervor, da ihm die Kontrolle des Stapelrechts, der Schoßzahler und der Verkehrssperren zufiel, die zu ewigen Beschwerden, Bußen und bitteren Worten Anlaß gab. Die jährliche Wahl der Älterleute am Sonntag nach Pfingsten fand noch in Brügge statt und brachte die Schoßabrechnung mit sich. Da war es manchem unbequem, zu dieser kaufmännischen Kontrollversammlung etwa aus Amsterdam oder Deventer eigens nach Brügge zu reisen, um den Beutel zu ziehen. Daß das Kontor noch immer eine bedeutende Wirksamkeit zum Wohle des deutschen Handels entfaltete, kam dem Einzelnen jetzt längst nicht so zum Bewußtsein wie früher in Brügge, wo jedermann sich von der nutzbringenden Tätigkeit der Älterleute hatte überzeugen können. Schließlich war es das Kontor, das den Versuch, der Entwicklung der Dinge Halt zu gebieten, mit seinem Niedergang bezahlte. Die Ämter konnten nicht mehr besetzt werden. Den Achtzehnerausschuß setzte man 1472 auf zwölf Personen, 1486 auf neun herunter, während zugleich auch das Kollegium der Älterleute von sechs auf drei Mitglieder reduziert wurde. Die Folgezeit brachte dem Kontor nur noch weiteren Verfall.

Wenn das 15. Jahrhundert die ökonomischen Grundlagen der Weltstellung Brügges auch wanken sah, so trat der Verfall doch noch nicht äußerlich in Erscheinung. Vielmehr erreichte erst damals der sprichwörtlich gewordene Glanz der Stadt seine Scheitelhöhe. Auch den fremden Kaufmannschaften ist erst gegen Ende des Jahrhunderts die Gefahr, die ihnen durch Brügges Niedergang drohte, völlig zum Bewußtsein gekommen. Bis dahin hatten sie ihre reiche Zeit, konnten ihre Korporationshäuser zu repräsentativen Zwecken umgestalten und sich an den luxuriösen Festen der Epoche mit Eifer und Hingebung beteiligen.

Oft beschrieben sind die Lustbarkeiten, welche die Hochzeit Karls des Kühnen mit der jüngsten Schwester Eduards IV. von England am 10. Juni 1468 begleiteten. Für die Burgunder Herzöge waren Prunk und Zeremoniell ebenso persönliches Herzensbedürfnis wie politisches Mittel, um die ältere und vornehmere Linie des Hauses auf dem französischen Throne zu übertrumpfen und alle Blicke auf ihre junge Machtstellung zu lenken. Auch die fremden Kaufleute waren zur Teilnahme an dem Festzuge aufgefordert, der zur Einholung der englischen Prinzessin sich durch Brügges Straßen bewegte. Die Kerzen, die von je 60 Mann einzelnen Korporationen vorangetragen wurden, erinnerten an das Gepränge geistlicher Prozessionen, und einen kirchlichen Anstrich hatte auch die „Historie" der Genuesen, die ihren Schutzheiligen St. Georg hoch zu Roß im Zuge mitführten. In sorgfältiger Ordnung und einheitlicher Kleidung kamen die Kaufleute daher, begleitet von Faktoren und Pagen auf Streitrossen mit prächtigem Zaumzeug. Das Karmoisinrot der Venetianer hob sich ab vom schwarzen Satin der Florentiner, während Spanier, Genuesen und Deutsche violettem Damast und Tuch den Vorzug gegeben hatten. Waren der heilige Georg von Genua in voller Rüstung mit dem roten Samtkreuz und die schöne Königstochter, die er vom Drachen errettet, in weißer Damastrobe vorübergeritten, so kamen die Deutschen sämtlich hoch zu Roß und mit 108 Mann neben den Genuesen die stärkste Gruppe des Zuges. Wir dürfen auch annehmen, daß sie nicht übel zu Pferde saßen; die vielen Reisen machten sie mit der mittelalterlichen Reitkunst vertraut, und mancher brachte vielleicht ebensoviele Stunden auf dem Rücken seines Pferdes zu wie sein Kollege von heute im Durchgangszuge. Wohlgefällig notierte sich auch der Herr Hofmeister Olivier de la Marche, dem wir die Beschreibung des Festes verdanken, die Pelzverbrämung, die sein Höflingsauge an den Röcken mehrerer Reiter bemerkte. Mit der Einholung war freilich die Teilnahme des Bürgers und Kaufmanns an den Festlichkeiten zu Ende. Wer Glück hatte, konnte noch einen Blick in die große Bankettshalle werfen, auch allerhand Schaustücke und Darbietungen bewundern und am Spätnachmittag von den Dächern der Häuser am Markt zusehen, wie zwei burgundische Große den Pas de l'Arbre d'Or, halb Ausstattungsstück, halb Kampfspiel, vor den Tribünen der Hofgesellschaft aufführten. Doch Osterlinge und Vlamen bedurften nicht erst der Anregungen vom Hofe, um die Feste zu feiern. Vielleicht tjostierten die Deutschen wohl selbst einmal in Brügge, wobei es denn freilich viel einfacher herging als beim Speerstechen Philipps von Cleve und Antons von Bourgogne. Besonderen Anlaß zur Fröhlichkeit gab jedesmal die Rückkehr des „Kaufmanns" nach Brügge. Kam er von dem Markt zu Ypern zurück, so luden die Wirte ihre Gäste zum Mittagbrot, und wandte er sich gar nach einer Handelssperre Brügge von neuem zu, dann kamen ihm die Städter aus Freude über die Versöhnung entgegen, wenn es auch, wie im Dezember 1392 kalter Wintertag war. 1457 führte eine hansische Gesandtschaft, an der die Bürgermeister von Lübeck, Köln, Bremen und Hamburg teilnahmen, den „Kaufmann" von Utrecht über Antwerpen, Mecheln und Gent, wo überall der Ehrenwein präsentiert wurde, nach Brügge zurück. Es war ein Reiterzug von über 200 Personen, die alle ihren besten Staat angelegt hatten. Vor den Toren erschien der gesamte Magistrat, von den Geschlechtern und zahlreichen einheimischen und fremden Kaufleuten begleitet; ein Musikkorps setzte sich an die Spitze, und hinein ging es durch das Genter Tor in die Straßen, „oben und unten voll Volkes". Wir überlassen dem Leser, es sich auszumalen, mit welchem Halloh aus kräftigen Kehlen der Zug bewillkommnet wurde, mit welchen Bücklingen die Herren Wirte die alten Stammgäste begrüßten, wie das junge Volk der Lieger und Kaufgesellen um die Dämmerungsstunde des schönen Augusttages draußen am Minnewater sich auf alte Erinnerungen besann und zarte Bande von neuem knüpfte, und wie das Fest am Abend zu einer echten „vlämischen Kirmes"

wurde, wie sie nur je der Pinsel eines Rubens oder Jan Steen
festgehalten hat. „Große Melodie war unter dem Volke und
dauerte fast die ganze Nacht hindurch an". Straßenweit kann
man die „Melodie" fröhlicher Flamen hören, und schon aus
diesem Grunde ist in jener Nacht wenig Schlaf in die Augen ge=
kommen. Gesandte und Älterleute waren inzwischen zu dem
Hause des „Kaufmanns" geführt, der Ehrenwein wurde präsentiert,
und ein Bankett auf dem Rathause vereinigte die Hansen mit den
Spitzen der Stadt. Wieder hatten die Brügger den besten Fuß
vorgesetzt und unter anderen Ehrengästen ihren vornehmsten Mit=
bürger, den Herrn von Gruuthuse geladen.

In diesen Tagen des Glanzes und der Freude, so möchte ich
annehmen, ist wohl der Plan gereift, das Haus des „Kaufmanns"
zu einem Prachtbau auszubauen. In älterer Zeit hatte das
Kontor kein Haus sein eigen genannt und sich ausschließlich der
Baulichkeiten der Karmeliter bedient. Ihr Kloster lag unfern
des Kaufmannsquartiers an der Straße, die noch heute ihren
Namen führt, war 1265 unter Mithilfe deutscher Kaufleute
gegründet und stellte seither Kirche und Refektorium ihren Ver=
sammlungen zur Verfügung. Auch das Archiv und die sonstigen
Besitztümer der Genossenschaft waren in seinen Mauern unter=
gebracht. Wohl standen die Deutschen auch zu anderen geist=
lichen Anstalten und Orden, etwa zu den Augustinern in Be=
ziehung; aber nirgends waren sie so heimisch wie im Kloster der
Mönche vom Berge Karmel. Daß sie und andere Kaufmann=
schaften zu dem strengen Orden sich hingezogen fühlten, hatte wohl
seine Ursache im Glauben an die Wunderkraft des Skapuliers
der Karmeliter. Wer in ihrem braunen Überwurf starb, hatte
das ewige Feuer nicht zu erleiden. Auch als der „Kaufmann"
sein eigenes Heim hatte, hat man sich von den liebgewordenen
Räumen nicht getrennt und die Wahl der Älterleute, den wichtigsten
Akt des genossenschaftlichen Lebens, noch in dem geschmückten Re=
fektorium vorgenommen. So fühlte die Korporation den Mangel
an Hausbesitz anfangs nur wenig und hat auch später nicht allzu
umfangreiche Liegenschaften erworben. Die drei Häuser, an deren
Stelle das Osterlingehaus errichtet wurde, waren schon vor 1400
im Besitz deutscher Kaufleute. Man kannte sie unter dem Namen
„Zur Neuen Herberge". Sie lagen auf einem Eckgrundstück, das

eine Breite von 68 Pariser Fuß = ca. 21 m und eine Tiefe von
50 Pariser Fuß = 16 m aufwies, und schauten mit der Front zum
„Krummen Ghenthof" und mit der Rückseite zum Graben einer
früheren Enceinte, den man hier wie gewöhnlich in Brügge nach
dem Reyeflüßchen benannte. Die St. Gillisbrücke führte hinüber
zum Stadtteil gleichen Namens. In der Nähe waren auch die
Häuser der anderen in Brügge begüterten Hansen zu finden. Das
Erbe, das inzwischen aus der Hand hansischer Privatpersonen
an den „Kaufmann" übergegangen war, erhielt eine erhöhte Be=
deutung, als Brügge 1457 den Abmachungen mit der Hanse ent=
sprach und durch Niederreißen anderer Baulichkeiten daselbst Raum
schuf für einen Verkehrsplatz der Osterlinge, auf dem wir sie bei
Handel und Wandel bereits beobachtet haben. Auf den Osterlinge=
platz sollte nach dem Herzenswunsch des Kontors nun auch ein dekora=
tives Genossenschaftshaus herabblicken, und so schritt man zum Neu=
bau. Über seinen Beginn sind wir nicht unterrichtet; doch sprechen
Gründe dafür, ihn vor 1478 anzusetzen, welches Jahr bisher
angegeben wurde. Als Baumeister wird Jan van de Poele ge=
nannt. Dieser gut vlämische Name und eine unbestimmte Nachricht
von seiner politischen Tätigkeit, die noch dazu wahrscheinlich der
auf Brügges Boden so fruchtbar wuchernden Legendenbildung an=
gehört, ist das einzige, was wir vom Erbauer des Hansehauses
wissen. Zur Front brauchte er nur 40 Pariser Fuß = 12 m,
während die Tiefe des Grundstückes voll ausgenutzt wurde. Der
Überschuß der Breitenausdehnung blieb als ummauerter Hof be=
stehen, in dessen Hintergrund sich ein Anbau mit der Küche erhob.
Die einheitlich in drei Geschossen aufgeführte Hauptfront wurde
durch eine Zinnenreihe abgeschlossen und durch zwei Türmchen
flankiert. Jedes hervorragende Gebäude in Brügge mußte seinen
Turm haben, mochte es Sitz des Adelsgeschlechts der Gruuthuse,
das Haus des Finanzmanns Peter Bladelin oder endlich das
Wahrzeichen der Bürgerschaft, die Hallen selbst, sein. So hatte
denn auch das Hansehaus seinen Bergfried, zu dessen oberster
Galerie eine Wendeltreppe von 126 Stufen hinaufführte. Als
1602 die Federzeichnung, die wir hier im Bilde geben, hergestellt
wurde, war der Turm vom Blitz getroffen und seiner Spitze be=
raubt. Der Zeichner hat den früheren Zustand angedeutet, indem
er die herabgeschleuderte Turmspitze säuberlich neben das Maß=

Das Hansehaus in Brügge
(15. Jahrhundert)

werk des obersten Umgangs setzte. Repariert ist der Schaden niemals; ja, Armut und Unverstand des 18. Jahrhunderts haben dem wertvollen Monument vollends den Rest gegeben. Wie vor dem Neubau diente das Haus auch weiterhin den Kontorbeamten, den Klerks oder Sekretären, zur Wohnung. Für kleinere Versammlungen oder Verhandlungen mit den flandrischen Behörden stand ein Saal zur Verfügung, der die Front des ersten Stockes einnahm. Ein wichtiges Gelaß war das „Kontor" hinter dem vergitterten Fenster zur Linken des Haupteingangs. Hier standen wohl die Schoßkiste und die „Arca Noe", die Raum für die Kontorurkunden bot. Die Keller fanden als Lagerräume Verwendung. Auf einem „schwarzen Brette" konnte man sich über Ankündigungen der Märkte und Verordnungen der Genossenschaft Auskunft holen. Dagegen werden die meist nach den Aposteln genannten Kammern kaum zu Logierzwecken der Kaufleute gedient haben. Das Hansehaus war ein Klubhaus, nicht aber eine Herberge.

Daß der „deutsche Kaufmann" sich ein vlämisches Haus von einem vlämischen Meister bauen ließ, kann nicht wunder nehmen. Empfand er doch auch daheim Einwirkungen der niederländischen Zivilisation. Der Niederdeutsche war fremdem Einfluß nicht leicht zugänglich; wenn er aber etwas übernahm, so kam es ihm durchweg über die Niederlande. Im Rahmen dieser Skizze können wir auf die Wechselbeziehungen und feineren Unterschiede, die wieder zwischen den einzelnen Landschaften bestanden, nicht eingehen, aber so viel ist gewiß, daß sich über das ganze niederdeutsche Gebiet von Westflandern bis zu den baltischen Kolonien der Deutschen zahlreiche Fäden wirtschaftlicher und geistiger Kultur zogen. Die Gebirge, die den Norddeutschen von Süddeutschland scheiden, wirkten trennend; das Meer verband ihn mit den niederländischen Vettern. Daß der Westen und insbesondere das um hundert Jahre der allgemeinen Entwicklung vorauseilende Flandern in allem, was die Formen des Lebens, Behaglichkeit und Genuß des Daseins ausmachte, die Gebenden waren, ist begreiflich. Doch spendeten die Niederlande nicht nur von ihrer früh ausgeprägten Eigenart; noch weit über das Mittelalter hinaus vermittelten sie auch französische oder italienische Kulturmomente. Tritt etwa ein italienisches Ornament die Wanderung zum Norden an, oder kommen aus Frankreich neue Schriftcharaktere, so finden sie sich erst an

Bauten und in Schriftstücken niederländischen Ursprungs, ehe sie einige Jahrzehnte später in Norddeutschland auftauchen, um hier nachgeahmt oder selbständig weiter gebildet zu werden. Auch der Bedarf an romanischen Lehnwörtern, wie sie unsere Seemannssprache aufweist, wurde wohl vornehmlich in den Niederlanden gedeckt, dessen Idiom mit der Aufnahme französischer Ausdrücke in germanisierter Einkleidung sehr rasch bei der Hand war. Nicht ohne Zutun des vlämischen Adels gelangten die höfischen Formen französischen Rittertums an den Rhein und zum Süden Deutschlands, und wer in Österreich vornehm sein wollte, verbrämte seine Rede mit brabantischen Brocken. Auch an die norddeutschen Küsten kamen niederländische Adlige als Teilnehmer des Stedingerfeldzuges (1234), der Preußenfahrten oder als Reisende; aber besser kannte man hier die niederen Volksschichten. Denn schon im 12. Jahrhundert, bevor die deutschen Kaufleute regelmäßig Flandern aufsuchten, hatten holländische Kolonisten und flandrische Weber und Händler ihre Betriebsamkeit an Weser und Elbe verpflanzt. Es waren robuste Elemente eines knorrigen Volksstammes, und ihr etwas grobschlächtiges Wesen wurde als solches empfunden, wie der Ausdruck „vlamsch" für ungeschlacht und „Vlamschnute" für ein grobes Mundwerk beweist. Seit dem 13. Jahrhundert machte dann der Jahr aus Jahr ein auf Flandern konvergierende Handel die Bürger der norddeutschen Städte mit den Verhältnissen in den Niederlanden vertraut. Man verfolgte die dortigen Vorgänge mit Interesse, ahmte die eine oder die andere Einrichtung nach, wie denn Hamburg seine Kämmereirechnungen nach den Stadtrechnungen Brügges angelegt zu haben scheint, oder zog wie der Bremer Rat beim Aufstand der 104 Männer (1532) die holländischen Bürgerzwiste der Hoek und Kabeljau zum Vergleich heran. Mancher Hanse kam auch schon in jungen Jahren nach den Niederlanden. Das Brügger Kontor hielt allerdings keine Lehrlinge wie die Faktoreien in London, Bergen und Nowgorod, wo eine größere Anzahl junger Leute im Handel Verwendung fanden und die Sprache des Landes erlernten. In Brügge gab es ja keinen geschlossenen Kaufhof, in dem eine strenge Hausordnung Zucht und Aufsicht hätte sichern können, und der Handelsbetrieb am Weltmarkt erforderte auch eher erprobte Kräfte als unreife Burschen. Es bedurfte schon persönlicher Beziehungen, um bei Verwandten oder Geschäftsfreunden als „Jüngster" in Brügge anzukommen. So diente „eines Bürgers Kind" von Lübeck, Johann van Heynghen, als Klerk des Brügger Maklers Gottschalk Hauschild, bis er „aus seinem Brot" ging und „sein eigener Mann" wurde. Mit Cornelis konnte Vater Siegfried Veckinchusen nichts mehr anfangen, als er ihn zum Oheim Hildebrand nach Brügge schickte, und auch der Neffe des Rigaer Hinrik van dem Wele sollte „in Zwang gehalten werden und seinen Willen nicht bekommen." Obwohl zum Kaufmannsberuf bestimmt, kamen diese jungen Leute aus wohlhabenden Familien doch nicht gleich in die Lehre, sondern wurden bei Geistlichen in Pension gegeben, um Schreiben und Lesen, und nicht zum wenigsten um Französisch zu lernen. Das war auch wohl der Grund, weshalb ein junger Lübecker bei Erasmus von Rotterdam in Paris lebte; der große Philologe wußte freilich selbst nicht genau, warum sein Zögling bei ihm in Kost sei. Auch der Danziger Heinrich van Rees, der in den ersten Jahrzehnten des 16. Jahrhundert eine bedeutende Rolle als Kaufmann spielte, war derzeit durch Vermittlung eines Antwerper Magistratsbeamten nach Frankreich zur Erlernung der Sprache und Kaufmannschaft geschickt worden.

Vornehmlich mußten die gewerblichen und künstlerischen Leistungen der Niederlande zum Export nach dem Osten reizen. Wir haben schon der Tatsache gedacht, daß der deutsche Tuchmarkt mit niederländischen Wollgeweben überschwemmt wurde. Aus Brügge wurden ebenso Geschütze wie Spiegel und Truhen bezogen, wenn wir die „Flamensis cistula" und die „Brügger Kisten" der Quellen so deuten dürfen. Besonderen Anklang fanden bei den Reichen die messingnen Grabplatten mit eingravierten Bildnissen in Lebensgröße. Wie in der Augustinerkirche zu Brügge Tidemann Blomenrod und Tidemann von Danzig in Gräbern „mit Messing überdeckt" ruhten, so gelangten die Platten auch in lübischen Kirchen zur Aufstellung, wo sie noch heute vielbewunderte Schaustücke abgeben. Leider scheinen die Deutschen im 15. Jahrhundert mit den Meistern der Farbe, die sich in Brügge am Vlamingdamm und in der Straße der goldenen Hand ankauften oder Stadtmaler von Brüssel und Löwen wurden, wenig Fühlung gewonnen zu haben. In den Kreisen des „deutschen Kaufmanns" fand sich kein Donator wie der Brügger Kanonikus van den Paele

oder der Kanzler Rolin, und niemand ließ wie der Tuchhändler
Arnolfini aus Lucca sein Brautbild von Jan van Eyck malen.
Erst die zarten Heiligen des jüngsten unter den drei Künstler-
generationen, des Hans Memling, bestimmten den lübischen Kle-
riker Greverade, den Altarschrein im Dom in Auftrag zu geben.
Die Maler waren aus Maaseyck und dem Mainzischen, aus
Tournai und Holland in die belgischen Großstädte gezogen, um
ihr Fortkommen und einträgliche Dienste zu suchen; sie fanden
ihre Mäcene am burgundischen Hofe, unter den italienischen Geld-
leuten und den Brügger Prälaten und Patriziern. Die Vertreter
des Hauses Medici in Brügge, der Gönner des Hugo von der
Goes Tommaso Portinari und Angelo Tani, der bei Memling
das jüngste Gericht bestellte, konnten als hochgebildete Ästheten
der Frührenaissance den Meistern mehr Verständnis entgegen-
bringen als schlichte Warenkaufleute, auch mehr Muße und Mittel
für ihr Mäcenatentum erübrigen. Als aber 1520—1521 Dürer in
den Niederlanden weilte und die Bekannten aus der Wirtsstube
porträtierte, haben ihm doch auch zwei Danziger gesessen, so fern
er auch sonst den Niederdeutschen in Antwerpen stand. Hans
Pfaffroth und Lucas von Danzig trugen eine Kohlezeichnung mit
heim; der Gulden und das Stück Sandelholz als Honorar ging
nicht über ihre Kräfte.

Drittes Kapitel.
Antwerpen.

Antwerpen und die Entdeckungen. — Die seeländischen Welthäfen. — Ver-
schiebungen im Handel. — Hansen und Butenhansen. — Kontorreform. —
Der Hausbau. — Der Zusammenbruch.

Es kam die Zeit, wo vor den erstaunten Augen Europas
immer neue Inseln und Küsten aus dem Ozean emportauchten,
wo die Phantasie kaum mit den Entdeckern Schritt hielt und
das Dorado erreichbar schien. Beide Indien waren unserem Erd-
teil nahegerückt. Es ist bekannt, daß sowohl die Niederländer als
die Hansen von den Fernfahrten ausgeschlossen wurden. Sie be-

gnügten sich im wesentlichen mit dem Handel zweiter Hand und
standen sich vortrefflich dabei. Aus Westindien kamen anfänglich
nur Raritäten, aber keine Produkte für den Weltmarkt. Amerika
war ein teurer Wechsel auf die Zukunft, den erst Cortez und
Pizarro zum erstenmal mit blankem Golde einlösen sollten.
Während die Konquistadoren in den Grassteppen Südamerikas
Hunger und Kummer litten, wurde an der Schelde noch besser
verdient als früher. Für den niederländischen Weltmarkt hatten
weder der ostindische Seeweg noch die Fahrten zum Westen eine
Umwälzung bedeutet. Nur bestimmten jetzt die Regierungen von
Spanien und Portugal die Ladungen der Retourflotten definitiv
für Antwerpen, was dem Brügger internationalen Austausch völlig
den Rest gab. Für den Welthandel aber verschlug es wenig, ob
man am Swin oder an der Schelde einkaufte. Antwerpens Markt
erfuhr noch eine Kräftigung, seitdem das südbeuropäische Zentrum
für Orientwaren, Venedig, langsam von seiner Höhe herabglitt.
So ließ die Scheldestadt seit dem Beginn des 16. Jahrhunderts
alle anderen niederländischen Handelsstädte bei weitem hinter sich,
führte den Handel aus der Dezentralisation des 15. Jahrhunderts
heraus und wurde wieder, was Brügge bereinst gewesen, ein
Weltmarkt für die europäischen Nationen.

Auch neue Welthäfen brachte das 16. Jahrhundert. Nach
Antwerpen selbst kamen in der Regel mehr mittlere, ausschließlich
nach dort bestimmte Schiffe. Größere Fahrzeuge dagegen, die noch
die Reise nach der spanischen oder der baltischen See vor sich
hatten, benutzten die Reeden der Insel Walcheren, die Seeland
am weitesten in den Ozean vorschiebt, als Anlaufhäfen, von wo
die Güter für Antwerpen in Leichtern Schelde aufwärts gingen.
Heute sind die seeländischen Inseln mit ihren schmucken Städten
und den hübschen Trachten der intelligenten, dunkeläugigen Be=
völkerung ein Idyll, und auch im 16. Jahrhundert erfreute das
„überschön Rathaus mit einem köstlichen Turm" in Middelburg
oder ein Mädchen in der Bevelandschen Tracht das Auge Albrecht
Dürers. Aber sonst war Seeland gefürchtet wegen seines Fiebers;
die Malaria war auf den tiefgelegenen Inseln heimisch und forderte
ihre Opfer. Trotzdem konnte die internationale Schiffahrt die Häfen
nicht entbehren. Als während des 15. Jahrhunderts die Einfahrt
ins Swin bedenklich wurde, war es üblich geworden, im Westen von

Walcheren in die Wielinge oder noch etwas nördlicher ins Veergat einzulaufen. Im 16. Jahrhundert wird als der eigentliche Vorhafen Antwerpens meist Arnemuiden, ein Städtchen an der jetzt völlig verlandeten Ostseite der Insel, namhaft gemacht. Alle Berichterstatter wollen mehrere hundert Schiffe vor Arnemuiden haben ankern sehen, und die Statistik, die wir hier endlich einmal befragen können, hat auch kein rundes Nein für diese Angabe. Hier wurden die großen Convoyflotten ausgerüstet, welche die Regierung Karls V. nach Andalusien, Lissabon und Nordspanien sandte; Spanier und Portugiesen lagen in Geschwadern beisammen, und die seefahrenden Bretonen brachten auf ihren kleinen Schiffen Salz und Wein Westfrankreichs. Von England kamen meist Küstenfahrer, bisweilen von nur 15 oder 20 Tonnen Tragfähigkeit. Ihnen gegenüber präsentierten die Hansen stattliche Schiffsgrößen. Die sechs Danziger Schiffe, die auf der Reede von Vere 1565—1566 Anker warfen, zählten zusammen 1384 Tonnen, also 230 Tonnen im Durchschnitt. Das größte Schiff, das in diesen Gewässern verkehrte (1570), der „groote Reynoult" von 1200 Tonnen, war ebenfalls in Danzig zu Haus. Gleich ihm waren auch die anderen hansischen Fahrzeuge in der Ost- und Westfahrt beschäftigt. Es handelte sich darum, die durch die gewaltige Expansion in beiden Indien stark beanspruchten Völker der Pyrenäenhalbinsel mit Schiffbaumaterial und Korn der Ostsee zu versehen und Salz zurückzubringen. Dabei waren die Häfen des Scheldebassins die üblichen Zwischenstationen. Längere Zeit bevorzugten die Osterlinge die Stadt Vere, wo zwei Häuser „Danzig" und „Hamburg" die Heimat der meisten Schiffe andeuteten.

Wie der deutsche Seefahrer auch unter den neuen Verhältnissen seinen Weg machte, so brauchte auch der Kaufmann nicht abzudanken. Neben der Kornversorgung der Pyrenäenhalbinsel nahm auch der Kornimport nach den Niederlanden größere Formen an. Vornehmlich ließen die häufigen Notstandsjahre, hervorgerufen durch Mißernten oder durch Verwicklungen in der Ostsee, die Abhängigkeit vom baltischen Kornimport im grellen Lichte erscheinen. So wurde der Bürger von Danzig, wohin das weite polnische Hinterland sein Getreide abgab, eine wichtige Persönlichkeit in den Niederlanden. Anderseits siechte das Geschäft in Pelzen und Tuchen, mit dem man bereinst den Handel in Flandern begonnen hatte, dahin. 1554 erinnerten sich die Tucher Poperingens übereinstimmend der Tatsache, daß seit 1521 der hansische Käufer ausgeblieben sei, was den Rückgang des Orts zur Folge gehabt hatte. In Holland hörte in der Weberstadt Leiden der Absatz an die Hansen gleichfalls auf. Im Pelzhandel, so behauptete man auf dem Hansetage von 1554, hatte die Leipziger Konkurrenz die Oberhand gewonnen. Dagegen scheint sich damals die deutsche Wolle mehr als im Mittelalter in den Niederlanden eingebürgert zu haben. Sie ging unter dem Sammelnamen Rheinische und Ostersche Wolle und kam aus Jülich, Hessen und Niedersachsen. Dem Wollhandel war es in erster Linie zuzuschreiben, wenn die Braunschweiger im 16. Jahrhundert in Antwerpen so bedeutend hervortraten. Ihren Absatz fand die deutsche Wolle bis nach den romanischen Landschaften Hennegau und Artois; sie wurde wegen ihrer nie ganz hervorragenden Qualität wohl subsidiär neben der spanischen Wolle zu minder anspruchsvollen Zeugen benutzt, die damals in großer Menge in den belgischen Städten hergestellt wurden.

So waren denn das Gewinn- und Verlustkonto des deutschniederländischen Handels in gleicher Weise beschrieben. Freilich war die Konkurrenz vermehrt und verstärkt. Holländer, Hochdeutsche und Antwerper machten jeder auf seine Weise mit mehr oder minder Erfolg den Hansen das Leben schwer. Anderseits hielten sich die Osterlinge von den spezifischen Geschäften des Antwerper Markts, den Finanzoperationen und den Seeversicherungen fern. Der Hanse war kein eigentlicher Spekulant. Aber sonst hatte der internationale Charakter der Antwerper Handelswelt viel Verlockendes für den Hansegenossen. Er sah hier Oberdeutsche und Antwerper, Italiener, Spanier und Portugiesen in enger Verbindung miteinander; sie konnten Angestellte und Teilhaber nur nach der persönlichen Tüchtigkeit wählen und Geschäftsverbindungen anknüpfen, mit wem sie wollten. Die Osterlinge dagegen sollten nach strengem Hanserecht nichthansische Vertreter und Kompagnons meiden. Hätte dies Verbot der Handelsgemeinschaft mit Buten(Außen)hansen in einer kaufmännischen Gepflogenheit gewurzelt, so wäre es beobachtet, wenn man auch den Rechtssatz mit der Strafandrohung beiseite gelassen hätte; aber das kaufmännische Ehrgefühl widersprach Verbindungen mit Nichthansen offenbar nicht. Zudem standen sie den

Hansen nach Abstammung, Wesen und Sprache meistens so nahe, daß eine Scheidewand nur unter Verletzung persönlicher Interessen und liebgewordener Gewohnheiten aufzuführen war. Die Wirte, bei denen die Osterlinge 1532 verkehrten, stammten aus Antwerpens Hinterland an Maas und Rhein, etwa aus Herzogenbusch und Umgegend oder aus Maastricht und dem Clevischen. Wie weit die Vermischung von hansischem und nichthansischem Wesen gediehen war, zeigt der Lebenslauf des Bremischen Bürgermeisters Heinrich Zobel. Sohn eines in Bremen eingewanderten Krämers und der Tochter eines Bremer Ratsherrn, stand er seit seiner Lehrzeit in Lübeck dem hansischen Handelsleben völlig fern, betätigte sich vielmehr im Süden, in Österreich, Italien, Augsburg und Nürnberg. Ostern 1562 trat er in das Geschäft des Rheinländers Hinrich Walter, der sich mit Hinrich Pilgrom in Nürnberg und Gerd Koch in Antwerpen verband. Koch war wohl kein anderer als der reiche Westfale aus Unna, der zwar von seinen Hanserechten Gebrauch machte, aber wie wir hier sehen, ohne Skrupel diese Kompagnie mit Oberdeutschen einging. Nach Kochs Ausscheiden verlobte sich Zobel mit der Schwester seines Chefs Walter und führte nunmehr als Teilhaber und Vertreter der Firma in Antwerpen das Geschäft fort, während Pilgrom in Frankfurt und Nürnberg, Walter in Österreich arbeitete. In Zobels Hauswesen „St. Peter und Paul" in der Vennestraße wurden fast ebensoviele Sprachen und Dialekte gesprochen, als Menschen im Hause wohnten. Zobel, dem geborenen Bremer, zur Seite standen Frau und Schwägerin aus dem Rheinlande; als Volontär beschäftigte er einen Nürnberger, als Kommis den Salomon Minuit aus dem romanischen Tournai, und sein Buchhalter war ein Portugiese. Wir fügen noch die vermutlich vlämischen Dienstboten hinzu, und das Sprachgemisch des modernen Boardinghouse ist fertig. Doch scheint sich Zobel als Vorstand dieses internationalen Hausstandes recht wohl gefühlt zu haben, und mit keinem Worte deutet er darauf hin, daß es ihm schwer geworden sei, abseits vom hansischen Handel zu stehen. Ähnlich dachten auch die anderen Mitglieder der hansischen Kolonie, die sich in Antwerpen angekauft und verheiratet hatten, mochten sie im einzelnen auch mehr in Fühlung mit dem Kontor bleiben. Am liebsten trugen diese „Hausgesessenen" oder

„Häuslinge" den Mantel auf beiden Schultern; sie erklärten sich
für gut hansisch, wenn sie von den Vergünstigungen der Privi=
legien Gebrauch machten, wollten sich sonst aber keinerlei Be=
schränkungen, die das Hanserecht auferlegte, gefallen lassen. Als
ein hansisches Statut sie schließlich vor die Alternative stellte, ent=
weder mit Weib und Kind in eine Hansestadt zu ziehen und un=
verheirateten Faktoren ihr Antwerper Geschäft zu übertragen,
oder aus der Hanse gestoßen zu werden, da wählten dreizehn
Hausgesessene das letztere (1556). Es waren nicht die schlechtesten
kaufmännischen Intelligenzen. Die Privilegien wogen für diese
klugen Rechner minder schwer als die Vorzüge und Annehmlich=
keiten, die der Weltmarkt mit sich brachte. Von hansischem Korps=
geist und Zusammenhalt war in Antwerpen wenig zu spüren.

Seit dem Niedergang des Kontors gab es keine Instanz, die
den Verletzungen der hansischen Bestimmungen steuern und den
Kaufleuten zu Gemüte führen konnte, daß den Vorrechten, welche
die Hanse gewährte, auch Pflichten gegenüberstanden. Im Interesse
des hansischen Gesamthandels und der Hansestädte erschien ein
gewisser Abschluß der Vertreter in den Niederlanden gegenüber
den Nichthansen unerläßlich. Wenn man die verfallene Organisation
des Kontors reformierte und damit das notwendige Kontrollorgan
für den handelspolitischen Willen der Städte wiederherstellte, war
auch die Vertreterfrage gelöst. Noch war die Verteidigung der
Handelsgeltung des deutschen Kaufmanns aller Anstrengungen
wert. Die Deutschen waren die beati possidentes, die schon das
Ende gekommen wähnten, wenn das geringste Steinchen vom Bau
ihres Handelssystems abbröckelte. Wir haben ja bei der größten
merkantilen Macht der Gegenwart ähnliche Übertreibungen vor
Augen. Grundlegende Vorbedingung jeder Reform war jetzt die
Verlegung des Kontors nach Antwerpen. In Brügge verfiel es
zusehends; in Antwerpen nahm es doch wieder Fühlung mit dem
Hauptkontingent der Hansegenossen. Als die Hanse 1516 an die
Verlegung herantrat, schien der Zeitpunkt nicht schlecht gewählt;
denn gerade damals erfolgte nach Guicciardini die allgemeine
Übersiedlung der Kaufleute. Vielleicht erinnerten sich seine Ant=
werper Gewährsmänner der damaligen Verhandlungen der Hanse
mit Antwerpen; ebenso hatten sie aber auch die Südeuropäer im
Auge. Leider sollte dem guten Anfang kein entsprechender Fort=

gang beschieden sein. In den ersten Jahrzehnten des 16. Jahrhunderts war das Verhältnis zwischen Antwerpen und der Hanse nicht das Beste. Ein Zwist mit Lübeck berührte zwar die Kontorfrage nicht unmittelbar; aber wie hätte die feindselige Stimmung Antwerpens gegen das Haupt der Hanse nicht auch auf ihr Kontor übertragen werden sollen? Das Kontor selbst, in dessen eigenstem Interesse eine definitive Residenz in Antwerpen gelegen hätte, gab die Animosität reichlich zurück. Es traute den Antwerpern als „leichten Leuten" nicht und erhob die unerfüllbare Forderung, die Abmachungen noch vor den Verhandlungen vom Landesherrn und den Staaten von Brabant bestätigen zu lassen. So wurde eine Einigung nicht erzielt. Auch später (1540) machte sich auf Seiten der Städte das gleiche Mißtrauen gegen Antwerpen geltend, und man verfehlte nicht, demgegenüber die Zuverlässigkeit der Brügger herauszustreichen. Brügge, in dessen Mauern 1511 noch etwa ein Dutzend Kaufleute, meist Lübecker, dem Pelz- und Tuchhandel oblagen, war seinerseits so zuvorkommend wie möglich und wies auf die Meliorationsarbeiten am Swin hin, die auch tatsächlich mit einigem Erfolg gekrönt waren. Bedenklichkeiten wegen pekuniärer Verpflichtungen gegen Brügge, wohl auch die Scheu, den Schwierigkeiten der Kontorverlegung ins Auge zu sehen, und die Gewohnheit, Brügge als den hergebrachten Sitz der Niederlassung zu betrachten, taten das ihre, um noch mehrfach den Verbleib in Brügge als empfehlenswert erscheinen zu lassen. In diesem Sinne sprachen sich wichtige Städte auf dem Hansetag von 1535 aus, und auch auf der Versammlung von 1540 fand sich eine Mehrheit dafür. Diese Haltung setzte sich in bedauerlichen Widerspruch mit dem Gang der Entwicklung und dem Wohle der deutschen Kaufmannschaft und erklärt sich nur aus dem Laufe der Welthändel und dem gleichzeitigen Tiefstand des gesamthansischen Lebens. Man darf sich nicht wundern, wenn in den dreißiger Jahren das Kontor nur noch als unbedeutende Institution fortvegetierte, von der man in weiteren Kreisen wie etwa auf der Statthalterei Karls V. zu Brüssel kaum noch den Namen wußte. Im Februar 1546 waren endlich in besserer Erkenntnis der Sachlage die Verhandlungen der Hanse mit Antwerpen bis zum Abschluß gediehen; aber diesmal trat wieder wie 1516 die staatsrechtliche Frage einer Bestätigung der Verträge durch Antwerpens Erbherrn Karl V.

einer definitiven Regelung hindernd in den Weg. Die Stadt übernahm es, die Zustimmung der Landesregierung zu erwirken; aber solange der Kaiser in den Niederlanden gebot, ist sie nicht erteilt worden. So blieb es bei einem handelspolitischen Provisorium: das Kontor residierte tatsächlich in Antwerpen, ohne daß die rechtliche Stellung zu Brügge und zu Antwerpen klargestellt worden wäre.

Erst als sich gegen Mitte des 16. Jahrhunderts die Hanse aus dem Zustand der Schwäche erhob, ging sie auch mit größerem Eifer an das Reformwerk. Seit 1551 wurden die Antwerper Hausgesessenen an ihre Pflichten gegen die Hansestädte erinnert. Als der letzte Oldermann starb, erhielt das Kontor 1555 wieder einen Kaufmannsrat von sieben Personen. Auch für die Subsistenzmittel des Kontors wurde besser gesorgt und namentlich der leidigen Schoßentziehung ein Riegel vorgeschoben. Vornehmlich widmete sich der hansische Syndikus Dr. Heinrich Suderman der Aufgabe, das Kontor nach innen und außen auszubauen, es Antwerpen gegenüber auf eigene Füße zu stellen und seine Autorität bei den Kaufleuten neu zu begründen. Als Kölner von Jugend auf mit den brabantischen Verhältnissen vertraut, residierte der Syndikus mit Weib und Kind in der Scheldestadt. An seinem Vetter, dem glänzenden Antwerper Bürgermeister und Staatsmann Anton von Stralen hatte er den nötigen Rückhalt. Auch war die Konjunktur für ein Abkommen mit der neuen Regierung Philipps II. denkbar günstig. Sie hatte der Hanse ein Bündnis angeboten und wünschte ein Zusammengehen gegen England, den gemeinsamen handelspolitischen Gegner. Ihr Wohlwollen konnte Dr. Suderman benutzen, um die Bestätigung der grundlegenden brabantischen Privilegien von 1315 und 1409 zu erwirken. Sogleich trat er auch mit dem wichtigsten Anliegen, dem Hausbau, an Antwerpen heran, und die hansische Gesandtschaft, die im Herbst 1562 die Kontorangelegenheiten fördern sollte, hatte entsprechende Weisungen. Die Kontorgenossen sollten hinfort unter einem Dach leben und an einer Tafel beköstigt werden. Das war etwas ganz Neues für die Hansen in den Niederlanden. Bisher hatten die Kaufgesellen in Antwerpen ebenso wie in Brügge in Herbergen gelegen und waren besonders im „Morian", gegenüber der Alten Wage, neben dem auch eine „Morin" und ein „Neuer Morian" auftauchen, ein- und ausgegangen. Zudem hatten das Haus „Hamburg", sowie die „Mühle", „St. Christoph", die „Engelburg" und „la Couppe" Unterkunft geboten. Zu Zeiten starken Andrangs waren die Mieten gesteigert. Auch davor wollte das neue Projekt die Kaufleute schützen. Vornehmlich aber sollte der Hausbau die Lieger und Kaufgesellen dem Einfluß der Antwerper Wirte und ihres Anhangs, aus dem sich die nichthansischen Faktoren rekrutierten, entziehen und eine strenge Hausordnung sie zum Gehorsam zurückführen. Vorbildlich wirkten der Stahlhof in London und die Brücke von Bergen, wo die angestrebte Geschlossenheit der Niederlassung von jeher vorhanden war. So war das neue Hansehaus nicht als Prunkbau zu Repräsentationszwecken, sondern als Krönung des Reformwerks gedacht.

Am 22. Oktober 1563 konnte der Vertrag mit Antwerpen über die neue Regelung der Dinge unterzeichnet werden. Mit Rücksicht auf etwaige Ansprüche Brügges war von einer Kontorverlegung offiziell wieder nicht die Rede. Man sprach auch nicht von einem Stapel, da dieses Wort einen unangenehmen Beigeschmack von Zwangsbestimmungen, endlosen Zwistigkeiten und teuren Prozessen besaß, sondern von einer Residenz. Die Scheldestadt wurde jetzt auch rechtlich Hauptverkehrsort der Osterlinge in den Niederlanden, wie sie es tatsächlich seit mindestens einem halben Jahrhundert war. Die Zentralstellung des Londoner Kontors für ganz England wurde zum Muster genommen. Das neue Haus sollte in das Eigentum der Hansestädte übergehen; die Stadt gab den Grund und Boden und ein Drittel der Bausumme von 90 000 Karolusgulden, setzte dafür aber ihre Forderungen hinsichtlich des Platzes in der Neustadt durch, obwohl die Opposition im hansischen Lager mit Danzig an der Spitze gerade gegen diesen Punkt ihre Pfeile gesandt hatte. Zwischen den beiden letzten Fleeten, nördlich vom Kern der Stadt sollte der Neubau errichtet werden. Die Lage war vortrefflich für den Verkehr aus See und besonders für die erhoffte Kornzufuhr. Unmittelbar am Kai des Hansehauses konnten Schiffe im „Kornkanal" anlegen. Bekanntlich gewährt die Schelde auch tiefgehenden Schiffen die Möglichkeit, an den Mauern der Stadt festzumachen, was schon damals die Seeleute nicht genug zu rühmen wußten.

Die Kanäle sollten dem Hansehaus, das nicht aus Scheldeufer selbst gerückt werden konnte, die gleichen Vorzüge wie die Scheldekais gewährleisten. Daß die Gegend in der Tat die Zukunft für sich hatte, bewies die Folgezeit. Napoleons Ingenieure fanden keinen besseren Platz als den des Hansehauses für die Hafenanlagen, die Antwerpens Blüte zurückzuführen bestimmt waren, und an ihre Bauten schließen sich heute nördlich die imposanten Hafenbassins des modernen Welthafens an. Wenn daher Antwerpen dem Hansehaus diesen Platz anwies und die Zustimmung Dr. Sudermans und der Hanse fand, so wird man beiden Teilen den richtigen Blick für die Bedürfnisse des Verkehrs und den Glauben an die Zukunft der Stadt und des hansischen Handels nicht absprechen können. Viele Zeitgenossen waren freilich blind für die Vorzüge des Projekts, und namentlich die nächstbeteiligten Kaufgesellen zogen lange Gesichter, wenn sie daran dachten, daß sie aus der behaglichen Enge Altantwerpens hinaus sollten zwischen den Bauschutt und die Kohlgärten der unbebauten Neustadt, wo sie fern von den gemütlichen Kneipen und Herbergen nur mürrische Leidensgenossen um sich sehen würden. Die Entfernung vom Platz des Hansehauses bis zum Mittelpunkt der Stadt erscheint auch heute nicht unbedeutend, mußte den Menschen von damals aber noch viel größer vorkommen, da man innerhalb der Städte nur viel kleinere Distanzen kannte. Die hansischen Unterhändler hatten auf der Nähe der Wage bestehen sollen, und diese Bedingung konnte man allenfalls als erfüllt ansehen; doppelt so weit war schon die Börse entfernt, und wenn die Kornhändler und andere am überseeischen Geschäft interessierte Kreise bei der Lage in der Neustadt ihre Rechnung fanden, so nörgelten und lärmten die Danziger Krämer, die in der inneren Stadt zu tun hatten.

Doch der Würfel war gefallen. Am 2. Mai 1564 begann der Bau und am 16. März 1569 ist er bezogen worden. Es war ein Häuserblock, der sich im Viereck um einen geräumigen Hof gruppierte. Die Front, die unsere Abbildung zeigt, schaute der Schelde abgewandt nach Osten auf den Platz, den Antwerpen dem hansischen Verkehr eingeräumt hatte. Die Zeichnungen lieferte Cornelis de Vriendt genannt Floris, dessen Hauptwerk, das Antwerper Rathaus (1561—1565), sich soeben der Vollendung näherte. Die Residenz der Osterlinge durfte er nicht so reich mit dekorativem Schmucke wie das Rathaus ausstatten, da es sich nach den Vorstellungen der Epoche nicht geschickt und noch ganz andere Summen verlangt hätte. Die Zwecke des Hansehauses, die eine Verbindung von Boardinghouse und Warenspeicher verlangten, ließen de Vriendt über dem Kellergeschoß mit seinen zahlreichen packhausartigen Luken und Türen noch zwei vielfenstrige Stockwerke aufführen. Ein Portikus, der zum Hofraum führte und ein Turm in Renaissanceformen, die nicht eben organisch sich dem Ganzen einfügten, sollten das Einerlei der Hauptfront durchbrechen. Statt der mittelalterlichen Zufälligkeiten, die auch dem Brügger Hause nicht fremd waren, kannte diese wohldurchdachte Anlage nur strenge Regelmäßigkeit und gerade Linien. Eine gewisse Belebung führte erst ein nichtarchitektonisches Moment herbei, die Bemalung der Türen und Fensterläden. Der Sitte gemäß, die sich noch heute in niederländischen Städten erhalten hat, wurden die Fensterläden in den Farben des Kontors gehalten, und ebenso leuchtete der Doppeladler seines Wappens schwarz- und goldfarbig von allen Türen und Toren entgegen. Ob uns Heutigen dieser bunte, kasernenartige Bau ohne weiteres zusagen würde, sei dahingestellt; die Zeitgenossen waren zufrieden, und Guicciardini hat das Hansehaus „ein königliches, stolzes Bauwerk, einen prächtigen Palast" genannt. Wenn noch im 19. Jahrhundert vor dem Brande von 1893 trotz des vernachlässigten Zustandes die großen Ausmaße immer imposant wirkten, so müssen die Menschen des 16. Jahrhunderts, an die Dimensionen moderner Bauten nicht gewöhnt, noch ganz anders gestaunt haben. Die Inneneinrichtung hatte das Kontor selbst übernommen. Bei einer Inventuraufnahme des Jahres 1602, als das Haus längst keine Kaufleute mehr in seinen Mauern beherbergte, fand sich noch einiges Silberwerk; ein Schiffsmodell, das beliebte hansische Dekorationsstück, hing von der Decke, und Kaiserbildnisse und — merkwürdigerweise — ein Porträt der großen Gegnerin der Hanse Elisabeth von England schauten von den Wänden herab. In den einzelnen, nach Heiligen und Tieren benannten Stuben, wo hunderte von jungen Kaufleuten Unterkunft hätten finden können, befand sich nur noch das notwendigste Mobiliar, durchweg Bettstatt und „Kontor" — ein Wort, das hier wieder in seiner älteren Bedeutung Pult, Schreibtisch auftritt, während es sonst

seit langem den Sinn von Firma, Geschäft angenommen hatte —, gelegentlich auch Tisch und Ofen. Eine Zwei=Zimmerwohnung wie der „St. Matheus" war wohl vorgesehen; im allgemeinen sollte der Insasse sich jedoch mit einem Raume begnügen.

Im Sommer nach der Eröffnung war die Gesellschaft auf dem neuen Hause an 30 Personen stark. Über diese Anzahl ist sie schwerlich je hinausgegangen. Während die Grundmauern langsam emporwuchsen und das Haus unter Dach kam, brausten schon die ersten Stürme über das Land hin, die Antwerpens Handel und die hansische Residenz vernichten sollten. Nirgends hat der 80jährige Unabhängigkeitskrieg der Niederlande so viel zerstört wie an der Schelde; er hat auch Dr. Sudermans Schöpfung nicht die Zeit gewährt, um auszureifen und darzutun, daß die Mühe an der Kontorreform nicht umsonst gewesen war.

Begreiflicherweise haben die Hansen sich in Antwerpen nie so eingelebt wie seinerzeit in Brügge. Nach außen hin war man freilich trotz des Niedergangs des genossenschaftlichen Lebens eifrig bemüht, die Seestädte würdig zu vertreten, und bei dem glänzenden Einzug des Kronprinzen Philipp (1549) waren fünfzig „Seedeutsche" im Zuge mitgeritten. Wieder waren Samtröcke, Pferdedecken und die Einfassung der Degen und Dolche violett; aber sonst zeigten sich an den Borten, den Federn der Hüte und den Livreen der fünfzig Lakaien die weiß=roten Farben, welche die drei heutigen Hansestädte führen. Eine unkontrollierbare Antwerper Überlieferung will ferner wissen, täglich hätten sich die Osterlinge unter Vorantritt von Spielleuten gemeinsam zur Abendbörse und zur Messe bei den Dominikanern, mit denen sie in der Tat im 15. Jahrhundert Beziehungen unterhielten, begeben. Mit der Reformation hörte die Verbindung mit den Predigermönchen auf; denn die Hansen waren durchweg gut lutherisch gesinnt. Nirgends kamen ihnen ihre Privilegien so zu statten wie in der religiösen Frage, da nur die Exterritorialität vor den Blutplakaten der alt= gläubigen Landesregierung rettete. Als dann während des „Wunderjahres" 1566 Calvinisten und Lutheraner freier das Haupt erhoben, kamen Hansen und Hochdeutsche kurz nach dem Bilder= sturm beim Gouverneur um Ausübung der Augsburgischen Kon= fession ein und sammelten eifrig und mit Erfolg für den gleich an zwei Stellen begonnenen Kirchenbau. Der spanische Gegen=

schlag ging nicht spurlos an der hansischen Kolonie vorüber, und gegen einige ihrer Mitglieder wie die Kölner Brüder Pilgrum und Gert Kock erkannte Albas Fiskal auf lebenslängliche Verbannung und Konfiskation der Güter, was dort 30000, hier 60000 Gulden dem Fiskus zuführte, die hansische Geschäftswelt aber um einige markante Persönlichkeiten ärmer machte. Auch verbot der grimme Herzog, nicht=katholische Osterlinge in Kirchen beizusetzen und sie mit Gepränge auf dem letzten Gange zu geleiten. Im übrigen ließ er das Kontor wohlweislich in Ruhe, weil er sich der Hilfe der Hansestädte, in jedem Falle aber ihrer Neutralität versichern wollte. Der Wert der hansischen Flaggen und Rechte stieg unter seinem Regiment bedeutend, vor Arnemuiden ankerten 1569/70 204, 1570/71 sogar 259 hansische Schiffe, weit mehr als je zuvor oder nachher, und in den Zeiten des Aufstands trieben die Hansen über Antwerpen, Bergen=op=Zoom und die kleinen Orte an der Grenze des Aufstandsgebiets Oudenbosch, Rosendaal und Steenbergen lukrativen Schmuggelhandel mit den Rebellen (1572). Inzwischen zog sich über Antwerpen das Ungewitter immer drohender zusammen. Die Abwanderung aus Entsetzen über den Bildersturm und später aus Furcht vor der Reaktion hatten der Stadt bereits viel Abbruch getan, als an einem Novembersonntag des Jahres 1576 unter dem Schutze dichter Nebelschwaden, wie sie so naß und eisig aus der Schelde emporsteigen, spanische Kolonnen zum Sturm auf die reichste Stadt ihres Königs vorbrachen. Das massive Hansehaus, das die Neustadt beherrschte, hatte bei ähnlichem Anlaß als Bollwerk gegen Soldatenaufruhr gedient, und auch jetzt suchten sich Antwerpens Verteidiger in dem festen Gebäude zu setzen. Aber vor der Bravour und Wut der Stürmenden war jeder Widerstand vergeblich. Die Sieger warfen sich auf die Kontorinsassen, jagten sie von einem Raum in den andern, plünderten und raubten, drangsalierten und mißhandelten, um schließlich eine Loskaufsumme von 20000 Gulden einzufordern. Manchem wurde durch die Gewalt= und Greuelszenen der „spanischen Furie" der Aufenthalt in Antwerpen gründlich verleidet. Zobel schnürte sein Bündel und siedelte mit Weib und Kind nach Bremen über. Drei Jahre später waren zu einer verhältnismäßig ruhigen Zeit von 30 haussitzenden Hansen nur noch 19 anwesend; von den übrigen, unter denen sich zwei Witwen befanden, wußte man nicht, ob sie zurückkehrten. Wenn aber die Hausgesessenen, die ihr Besitz und Geschäft besonders eng an Antwerpen fesselten, der Stadt müde waren, wie rasch mußte erst die Zahl der Faktoren und Lieger anf dem Hansehause einschrumpfen? Was bedurfte es ihrer noch, wo Handel und Wandel stockte, tiefste Depression herrschte und die Antwerper Kaufmannschaft zur Auswanderung getrieben oder wie 1576 systematisch — denn die Wut der Soldateska traf mit sicherem Instinkt die Reichen — hingemordet wurde? Zudem war der Scheldeverkehr, die Bürgschaft der Zukunft, zeitweilig schon 1572, dauernd seit 1585, als die Stadt wieder spanisch wurde, gesperrt. Was die Wachtschiffe an Vlissingen vorbeiließen, wurde mit hohen Lizenten, Kriegsauflagen für die Verfuhr nach Feindesland, belegt. Von seinen seeländischen Anlaufhäfen, wo die Kriegsfurie nicht minder gewütet hatte, war Antwerpen vollends abgeschnitten. Wenn die Stadt sich sonst den Verkehr über Land nach Möglichkeit erhielt, so mußte der hansische Handel, der auf den Seeweg angewiesen war, durch die Erdrosselung des Seeverkehrs besonders schwer getroffen werden. Das Hansehaus diente hinfort als Militärhospital und Kaserne, und einsam schaute der massige Block aus seiner Umgebung von Wandrahmen und Wachsbleichen hervor, da an eine weitere Bebauung der Neustadt gar nicht mehr zu denken war. Nur die Straßen an der Schelde waren mit Häusern besetzt; aber in diesem „Boerenkwartier" trieb der Abschaum der Bevölkerung sein Wesen. Antwerpen hatte das hansische Kontor in seinem Fall mit sich gezogen.

Viertes Kapitel.
Amsterdam.

Die hansische Diaspora. — Amsterdams und Hollands Weltstellung. — Der deutsche Handel tributär. — Postverbindungen. — Deutsche in niederländischen Diensten. — Holländische Kultureinflüsse. — Der moderne deutsche Kaufmann in Holland und Belgien.

Konzentration und Kontrolle waren die Zeichen, unter denen Syndikus Suderman die hansische Residenz in Antwerpen errichtet hatte. Genau das Gegenteil brachten die religiösen und

politischen Wirren des Unabhängigkeitskampfes der Niederlande
über den deutschen Kaufmann. Seitdem die Seeprovinzen Holland
und Seeland in den Waffen standen (1572), mußte der einzelne
zusehen, wie er den wechselnden Verhältnissen die beste Seite ab=
gewinnen konnte. Im Aufstandsgebiet waren es Dordrecht, Rotter=
dam und Enkhuisen, die als die gewöhnlichen Aufenthaltsorte der
osterschen Kaufleute bezeichnet werden (1575); im Süden kam
Flandern vorübergehend in Aufnahme. Es wurden auch wohl Ver=
suche gemacht, aus dieser hansischen Diaspora herauszukommen, die
jedoch weniger des Zusammenhalts willen als wegen der Befreiung
von bürgerlichen Lasten und sonstiger Vorteile, die eine vertrag=
liche Anerkennung des Stapels einer fremden Kaufmannschaft mit
sich brachte, unternommen wurden. Ein Daniel Potter, wohl der
ehemalige Kapitän jenes Danziger Frachtfahrers von 1200 t, hatte
sich in seinem alten Hafen Vere auf Walcheren als „Kaufmann
der osterschen freien Hansestädte" niedergelassen und eine Bürgers=
tochter zur Ehe genommen. Sowohl bei Vere als bei seinen
hansischen Genossen bemühte er sich, dort eine Niederlassung der
Osterlinge ins Leben zu rufen (1575); doch ist es zu festen Ab=
machungen nicht gekommen. Viel wertvoller wäre es gewesen, wenn
die Residenz des Kontors von Antwerpen nach Amsterdam verlegt
worden wäre, wie es 1586 im Bereich der Möglichkeit lag. Im Amster=
damer Stadtrat trug Bürgermeister Cant vor, nach Andeutung
eines Ungenannten wolle die ostersche Nation ebenso in Amsterdam
wie bisher in Antwerpen residieren, wenn ihr dieselben Rechte
eingeräumt würden. Der Beschluß der Versammlung lautete
zwar vorsichtig, aber doch nicht ganz ablehnend, Cant möge die
betreffende Persönlichkeit zum Besuch Amsterdams und zu näheren
Besprechungen auffordern. Nach Einsichtnahme in die Antwerper
Verträge der Osterlinge wolle die Stadt beschließen. Aber auch
dies Projekt hat keinen Fortgang genommen.

  Die Leidtragenden waren die Hansen. Eben damals strebte
Amsterdam mit Macht nach der Handelskrone der Niederlande, und
in ihr fand die zukunftsreiche Handelsgeltung Hollands ihren
Mittelpunkt. Wir erwähnten den regen Ostseehandel der Stadt
und ihren Getreidemarkt, der sie in enge Beziehungen zu unseren
Exporthäfen, vornehmlich zu Danzig, brachte. Im 16. Jahr=
hundert war Amsterdam die zweite Seehandelsstadt der Nieder=

lande, wenn der Abstand von Antwerpen auch außerordentlich
bedeutend war. Für die Osterlinge war Amsterdam nach ihrer
eigenen Angabe ein billiger Hafen. Alle Darstellungen von Amster=
dams Handel aus alter und neuer Zeit machen viel Aufhebens
von den Untiefen der Süderfee und speziell des Pampus un=
mittelbar vor den Toren. Aber wenn das Leichterwesen die
Spesen erhöhte, so waren die Abgaben geringer als in Antwerpen
oder Seeland. Es gab weder Ankergeld noch landesherrliche Zölle,
und alle Versuche der Regierung, vom ausgehenden Korn das
Congégeld zu erheben, trafen auf die zäheste Opposition, der
schließlich der Sieg blieb. Wie das Antwerper Kontor, so be=
gehrten auch die Deutschen in Amsterdam vom Prinzen von Oranien
eine Kirche zur Ausübung der Augsburgischen Konfession. Der
Statthalter erbat sich den Rat der Stadt; aber die Mehrheit des
Rats erklärte sich für nicht zuständig (1. Januar 1567). Sonst
hören wir wenig genug von der deutschen Kolonie. Einzelne
Häusernamen wie „Hamburg" oder die „Bremer Schuyte" (Schute)
in der Warmoesstraat und der schon erwähnte „Hamburger Choor"
in der Oude=Kerk sind in der Amsterdamer Topographie so ziem=
lich die einzigen Spuren der mannigfachen Beziehungen zwischen
Amsterdam und den norddeutschen Seeplätzen. Dabei hätten die
Deutschen in Amsterdam nicht minder einen festen genossenschaft=
lichen Halt nötig gehabt als die Hausgesessenen und Faktoren zu
Antwerpen. Denn Amsterdam bewies eine starke Anziehungskraft,
um sie aus Auslandsdeutschen zu Niederländern zu machen. Brügge
und Antwerpen waren durch die auswärtigen Kaufleute bis zu
einem gewissen Grade internationalisiert worden; Amsterdam
hollandisierte die fremden Elemente. Wer nicht die holländischen
Lebensgewohnheiten annehmen konnte, wie die spanischen und
portugiesischen Juden, fühlte sich doch wohl und zufrieden unter
der Herrschaft der toleranten Generalstaaten. Die Kulturhöhe, die
Holland im „goldenen" 17. Jahrhundert erreichte, kam dabei
ebenso zustatten wie die holländische Färbung des neuen Welt=
markts. Amsterdam war durch den Aktivhandel groß geworden;
diese Schulung war von großem Wert, als es mit dem ausgehen=
den 16. Jahrhundert seine Verbindungen nach allen Seiten hin
zu erweitern suchte. Wenn irgend wer, so erhielt der Holländer
die Waren aus erster Hand. Auf seine Rechnung kamen die ost=

indischen Retourflotten, die Kornschiffe aus der Ostsee und die
Grönlandsfahrer ein; sein waren die Kaffeeplantagen in Suriname,
und für ihn arbeiteten die Zuckermühlen in Brasilien. Das
holländische Kapital wurde ein Machtfaktor ersten Ranges. Ganz
ähnlich wie Flandern einst als Stapel der Christenheit bezeichnet
war, nennt die „Fürstliche Machtkunst" jetzt Holland und Amsterdam
den Stapel von Europa (1740). Wieder war eine niederländische
Stadt Verteilungspunkt des Welthandels geworden; aber diesmal
war sie von fremder Vormundschaft befreit und hatte selbst das Heft
in Händen. Nicht der Fremde auf holländischem Boden, sondern
der Holländer mit seinen Verbindungen im Ausland vermittelte
den Warenaustausch.

Auf der Amsterdamer Börse fehlten hansestädtische Kauf=
leute nicht. Wenn man bei der ersten Säule in den von Arkaden
eingefaßten unbedeckten Raum eintrat und an den Weinkäufern
vorüber war, fand man zwischen den französischen Kaufleuten
und den Farbenverkäufern und Drogisten die Hamburger und
Bremer Kaufleute, Schiffer und Schutenführer. Hamburger und
Bremer waren allein vom „Deutschen Kaufmann" übrig geblieben.
Wohl waren an den Börsenpfeilern 39—42 die Aufschriften
„Danzig", „Königsberg", „Dänemark und Ostsee", „Riga, Reval,
Lübeck, Narwa und Kurland" zu lesen; wer aber hier Gruppen
von Osterlingen anzutreffen geglaubt hätte, würde sich gründlich
geirrt haben. Die Herren, die dort verhandelten, waren Amster=
damer von der Heeren= oder Keizersgracht. Wenn sie die Kauf=
leute der deutschen Seestädte zu ihren Geschäften heranzogen, dann
bedienten sie sich ihrer als Kommissionäre. Gegen früher, als der
Brügger und Antwerper ostersche Waren in Kommission an den
Mann gebracht hatte, war das Verhältnis also umgekehrt. Der
deutsche Handel war in die zweite Linie gerückt und dem hollän=
dischen tributär geworden. Die Aussichten für den Wettbewerb
waren auch zu ungleich verteilt. Hinter der Aktivität des Holländers
stand die Macht der Generalstaaten, während in Deutschland der
Riß klaffte, der das Binnenland von der Seeküste schied. Unglück=
liche politische und wirtschaftliche Verhältnisse schienen die See=
städte mit einer Art chinesischer Mauer umgeben zu sollen. Für
den Handel in Antwerpen hatten noch kleinere Städte des inneren
Deutschlands wie Herford und Lemgo, Lennep und Elberfeld,

Soest und Minden gewisse Anteilnahme gezeigt; jetzt wartete das Binnenland auf das, was ihm von außen her zugehen würde. Holland bekam das weite Deutsche Reich zum Hinterland.

Für die deutschen Kaufleute und Schiffer wurde ein „Korrespondent" in Holland unerläßlich. Es versteht sich, daß es bei diesem Stande der Dinge guter Postverbindungen bedurfte. Im 18. Jahrhundert lagen dicht bei der Börse in Amsterdam die drei Hauptpostanstalten für ausländische Briefe, das „Antwerper", „Kölner" und „Hamburger Postkontor". Das erste übernahm den Westen bis nach Portugal; über Köln gingen die Briefe nach Italien und der Schweiz, und der Hamburger Anstalt waren die Sendungen nach der preußischen Monarchie, den Norden und den Osten und den Hansestädten zugewiesen. Dorthin gingen Briefe jeden Dienstag und Sonnabend Abend um 6 Uhr ab, während man auf die Retoursendungen am Montag und Freitag gegen Mittag „nach der Jahreszeit" rechnen konnte. Nach dem „Allgemeinen Contorist" des Joh. Christian Herrmann konnte 1788 eine Amsterdamer Firma in 16 Tagen von Danzig, in 18 von Königsberg, in 11 von Berlin, in 8 von Lübeck und in 6 von Hamburg oder Hannover Antwort haben, während ihr Brief bei der Ankunft in Leipzig 5 Tage alt war. Gegen das 15. Jahrhundert hatte sich die Schnelligkeit der Briefbeförderung etwa verdoppelt, da damals für die einmal zurückgelegte, etwas kürzere Strecke Lübeck-Kampen 8, für den weiteren Weg Lübeck-Brügge 10 Tage gebraucht wurden. Die Personenpost ließ nach Arnheim täglich Postwagen ab. Von dort ging die Fahrt über Nimwegen nach Köln und weiter nach Frankfurt. Für die Reisenden nach Mitteldeutschland war hinter Arnheim das Städtchen Doesburg die letzte größere Station im Gebiete der Generalstaaten. Zwei Wagen verließen Doesburg, deren erster über Wesel durch das Westfälische nach Minden, Hildesheim, Halberstadt geleitet wurde, wo sich die Route nach Halle-Leipzig von der nach Magdeburg-Berlin-Danzig-Königsberg abzweigte. Das zweite Fuhrwerk hielt sich nördlicher und besorgte den Verkehr über Münster-Osnabrück nach Hannover, Braunschweig und über Nienburg-Harburg nach Hamburg. Die wichtige norddeutsche Strecke bedurfte aber noch einer weiteren Verbindung. In einer der sechs täglich von Amsterdam abgehenden Schuten ließ der Reisende sich gemächlich nach Naarden, dem kleinen Städtchen an der Südersee, führen. Eine dieser Schuten hatte Anschluß an den Postwagen nach Osnabrück, der Montags und Freitags um 3 Uhr im Sommer, um 1 Uhr im Winter abgefertigt wurde. Die Plätze bestellte man beim Postmeister in Naarden am besten im voraus. Er nahm von jeder Person mit Gepäck von 20—25 Pfund 6 holländische Reichsthaler (heute = 15 fl. = 25,50 Reichsmark), für weitere Bagage war ein Zuschlag von 2 Stuivern, für Güter von 3 Stuivern pro Pfund zu entrichten. Von Osnabrück aus wurde die Fahrt wieder über Nienburg dirigiert. Für den Güterverkehr zwischen Amsterdam und den deutschen Nordseehäfen bestand bekanntlich noch die Bört(Reihe=)fahrt, bei der nach Hamburg alle 8 Tage, nach Bremen alle 14 Tage ein Küstenfahrer abging; auch Stade und Altona hatten an der Einrichtung teil.

Die Expansion des 17. Jahrhunderts, die Kriegs= und Handelszüge der West= und Ostindischen Kompagnien, die Gründung des Kolonialreichs und die arktischen Betriebe des Walfangs und des Robbenschlags machten Zuzug nach Holland von allen Seiten nötig. Das Hauptkontingent kam aus Deutschland. Wenn es nur noch Hamburger und Bremer, nicht aber einen „deutschen Kaufmann" in Amsterdam gab, so verschwand der Deutsche doch nie aus den Niederlanden. Als sich im 18. Jahrhundert der reichgewordene Holländer auf die Faulbank legte, wurde der Deutsche vollends unentbehrlich. Wohl wurden die „Moffies" etwas über die Schulter angesehen; aber sie waren arbeitswillig, anstellig und genügsam. Unser erster Handelsschriftsteller von Bedeutung, Joh. G. Büsch, ließ sich in Amsterdam erzählen, daß die jütischen Schiffer durchweg den einheimischen vorgezogen würden. Die „Lebenserinnerungen des Grönlandfahrers und Schiffers Paul Frercksen" machen die Angabe glaubhaft. Amsterdam war das große Heuerbureau für die Bewohner der Halligen. In jedem Frühjahr fuhr ihre männliche Bevölkerung mit dem „Volksschiff" von Wyk auf Föhr nach Amsterdam, um dort Seemannsdienste zu nehmen. Auch Kapitän Jens Jakob Eschels erzählt, daß 1769 die meisten Föhringer in der holländischen Grönlandfahrt beschäftigt waren, darunter viele Kommandeure der 192 holländischen Walfänger. Er beziffert die Anzahl der Seeleute, die von Föhr abfuhren, auf etwa 1200. Ein „Volksschiff" lag auch alljährlich in der Ochtum, um die Stedinger zur Nordlandfahrt von Amster-

dam aus abzuholen. Ebenso wie die Hollandsgänger, die aus
Mitteldeutschland den Weg nach den holländischen Marschen zur
Grasmaat nahmen, waren diese Seeleute Saisonarbeiter, die im
Herbst mit dem Verdienste des Sommers nach Hause zurückkehrten.
Glücklich der, den sein Seemannsberuf nicht auch den Winter
über von der Familie fernhielt. Wen die ostindische Kompagnie
angeheuert hatte, konnte sie während sieben Jahre laut Kontrakt
von einem Hafen ihrer indischen Besitzungen zum andern schicken.
Jens Jakob Eschels kannte seinen seefahrenden Vater erst seit
seinem zehnten Jahr; „denn wenn er eine kurze Zeit zu Hause
war, wie wir Kinder noch klein waren, so hatten wir doch ver=
gessen, wie er aussah, wenn er wiederkam." Der Fähige arbeitete
sich zum Steuermann und Kapitän empor wie Paul Frercksen, der
1740 seine erste Reise als Kajütsjunge nach Grönland machte und acht=
zehn Jahre später das Kommando der „Maria und Christina" erhielt.
Allerdings hatte Frercksen Verbindungen; beide Schwäger waren
Kaufleute in Amsterdam, und namentlich Nommen Paulsen von
Hallig Oland hatte dort sein Glück gemacht. Mit zwölf Jahren
war er Seemann, mit neunzehn Kapitän und mit siebenundzwanzig
Ehemann einer „sehr bemittelten Jungfrau". Seine Reederei
konnte zu gleicher Zeit einen Straße=Davisfahrer, drei Grönlands=
fahrer und eine einmastige Geljoth auf Robbenschlag aussenden,
während die übrigen Kauffahrer nach der Ostsee, Norwegen und
Frankreich auf mindestens sechs bis sieben geschätzt wurden. Hinzu
kamen die Schiffsparten, die Nommen Paulsen außerdem noch
besaß. In Amsterdam eignete ihm ein schönes Haus, jenseits des
Ij ein Landgut und in Edam ein großes Anwesen mit Ländereien
und Viehbestand, eine Reeperbahn und ein Holzhof, den seine
Schiffe aus Norwegen mit neuen Zufuhren versorgten. So war
er einer der vielen Deutschen, die es im fremden Volksverbande
zu etwas brachten, als es daheim nur arm und kümmerlich aus=
sah. Weniger eng als die Friesen Frercksen und Paulsen war
Kapitän Nettelbeck mit dem holländischen Seewesen verbunden.
Aber auch seine erste Fahrt geht nach Amsterdam, und als auf
den Ost= und Westindienfahrern auf dem Ij die Schiffsmusik
spielt und die Geschütze feuern, macht ihm das „allmählich das
Herz groß" und sein Wunsch, mitzufahren, wird um so reger,
„als es damals unter all unsern Schiffsleuten, wie ich oft gehört

hatte, für einen Glaubensartikel galt: daß, wer nicht von Holland
aus auf dergleichen Schiffen gefahren wäre, auch für keinen recht=
schaffenen Seemann gelten könnte." Auch den gereiften Mann,
dem die Kolberger Verhältnisse zu eng werden, zieht es 1771 nach
Holland „in voller und gewisser Zuversicht, daß dies Land mir
für mein besseres Fortkommen in allen Fällen die gewünschte Genüge
bieten werde." Und wie viele „nähere und entferntere Landsleute"
hat er nicht in den holländischen Besitzungen in Südamerika und
Guinea kennen gelernt! In Suriname „traf man" auf den Plan=
tagen und in den Straßen Paramaribos „unter 100 Weißen
immer vielleicht 99 an, die hier aus allen Gegenden von Deutsch=
land zusammengeflossen waren." Viele hatten es zu „Plantagen=
direkteurs" gebracht, wenn ihnen nicht gar ganze Kaffeepflanzungen
am Komandewynefluß eigneten. Deutsche stiegen im staatischen
Kriegsdienst vom Gemeinen bis zu Kommandostellen empor: An der
Goldküste hatten zu Nettelbecks Zeit sowohl Fort Axim wie
St. George de la Mina deutsche Kommandanten. Hier residierte
in gewaltiger Ratsherrnperücke und goldgestickter, von Tressen
starrender Uniform der ehemalige Metzgergeselle Peter Wortmann
als Generalgouverneur der Westküste von Afrika.

Es ist bekannt, wie Hollands Leistungen überall in Europa
anerkannt wurden. Die alte Kulturgemeinschaft der Niederlande
und der deutschen Küsten war im Jahrhundert der Reformation
durch die religiösen Bewegungen wieder stark betont worden. So
waren die ersten ständigen evangelischen Prediger Bremens Nieder=
länder, von Heinrich von Zutfen ganz zu schweigen. Später
blieb das reformierte Bremen mit der niederländischen Kirche
Calvins in Verbindung, während aus Hamburg und anderen
osterschen Städten Gelder an die lutherische Gemeinde Amsterdams
abgingen. Vor der spanischen Inquisition hatten Scharen von Nieder=
ländern in den deutschen Seestädten Schutz gesucht und ihnen wert=
volle Kräfte zugeführt. Im 17. Jahrhundert wurde es allgemeiner
Brauch, Ingenieure für Wasser= und Festungsbau, Architekten und
Künstler aus Holland zu berufen. Recht eng erscheinen damals
die Beziehungen der westlichen Seestädte Bremen und Emden zum
holländischen Nachbarn, während an der Ostsee der Hauptverkehrs=
ort der Holländer Danzig besonders gern Niederländer heranzieht
und sich das Zeughaus 1605 von Anthonys van Obbergen bauen

läßt. Aber auch in Lübeck finden die beiden Quellinus, Thomas und Johann Erasmus, an den Altären, Grabkapellen und Epitaphien der Kirchen Beschäftigung, und 1604 wird Johann von Ryswick die Vollendung der Festungswerke übertragen. Hamburgs erste Pilotagenordnung von 1656 lehnt sich an die holländischen an, wie denn überhaupt das Seewesen einen starken holländischen Einschlag aufweist. Die Schreibweise des Friesen Frercksen ist ohne Kenntnis des Holländischen nicht völlig verständlich, und Jens Jakob Eschels führte von 1769 bis 1782 neben seinem Föhringer Namen noch den holländischen Jan Jacobs „wie alle Föhringer derzeit." Wenn die Deutschen daheim die Einrichtungen der Holländer als vorbildlich ansahen, ihre Klassiker lasen, die Maler bewunderten und sich am Spiel der Schauspielertruppen erfreuten, so mußte auch die Lebensweise dieser Deutschen in niederländischen Diensten einen holländischen Anstrich bekommen.

Es ist hier nicht der Ort, um darzulegen, wie auch die hollandisierende Epoche unserer Geschichte zu Ende ging, und wie die Dinge sich weiter entwickelten. Nur noch ein Wort von dem modernen deutschen Kaufmann in Belgien und Holland! Für das Reich sind beide Länder aufnahmefähige Abnehmer seiner Erzeugnisse und Durchfuhrländer für Ein- und Ausfuhr. Unsere Seeschiffe liegen wieder an den Kais der Schelde- und Maashäfen, und an der Stätte des alten Hansehauses hat jetzt eine badische Binnenschiffahrtsgesellschaft ihr Entrepot. Auf den Wollmärkten Antwerpens und den Tabakauktionen in Amsterdam erscheint der deutsche Käufer. In Antwerpen hat sich aus früherer Zeit eine starke schwäbische Kolonie erhalten. Wer später seinen Weg nach der Heimat zurückfand, pflegt doch die alten Verbindungen für den Sohn. Der Gemeinsinn dieser Kreise hat bedeutende Leistungen im Schulwesen und auf dem Gebiete der Wohltätigkeit aufzuweisen. „Liedertafel" und „Turnverein", die dem Ausländer vom deutschen Wesen unzertrennlich erscheinen, wollen es pflegen und der Geselligkeit dienen. Allerdings wird geklagt, daß die gesellschaftlichen Kreise eng gezogen seien. Aber diese Erscheinung vermag den Eindruck mächtigen Vorwärtsstrebens nicht zu verwischen. Die Eigenschaften der jungen Leute, welche die Stelle der ehemaligen Faktoren und Lieger einnehmen, bürgen für die Zukunft. An die Besoldung stellt der „junge Mann" geringere

Ansprüche als der Nichtdeutsche, kommt auch mit dem oft herzlich geringen Salär gut aus. Am Kontor arbeitet er fleißig, was andere Nationen von ihrem Nachwuchs nicht behaupten. Begreiflicherweise sind Rheinländer und Westfalen stark vertreten. Die Rheinländer, die das schnelle Sprechen von Hause gewöhnt sind, bringen es zu einer beachtenswerten Fertigkeit im Französischen, und wenn sie das Niederländische als eine Art Kölner Platt behandeln, so mutet es zwar seltsam an, wird aber verstanden und bringt ihnen die Bevölkerung nahe. Ausschließlich verkehrt der Deutsche mit den Kunden in der Sprache des Landes. Gelegentlich erklärt er lieber, aus Amsterdam zu kommen, wo sein Haus eine Niederlassung hat, als daß er den deutschen Ursprung seines Artikels betont. So verkauft er auch in Gegenden, wo die deutsche Konkurrenz unliebsam empfunden wird. Unverdrossen wendet er auch dem kleinsten Markt seine Aufmerksamkeit zu. Durch ihre Regsamkeit bringen es zahlreiche Geschäftsleute — auch die größeren Ladenbesitzer — zu Wohlstand. Die Namen einiger Antwerper Firmen haben einen ähnlichen Klang im Lande wie einst die großen Häuser des 16. Jahrhunderts. Die Zeiten des alten Antwerpens scheinen zurückgekehrt, und wenn einer unserer Ostasienfahrer der Kathedrale gegenüber am Lloydkai vor den Augen einer dichtgedrängten Menge festmacht, dann sagt man sich: Wie hätte sich Syndikus Suderman gefreut!

Nachweise.

Die **Abbildungen** stammen aus dem Historischen Archiv der Stadt Köln, dessen Leiter Herr Prof. J. Hansen sie freundlichst zur Verfügung stellte. Während Bilder des Antwerper Hansehauses keine Seltenheit sind, war das Äußere des Brügger Hauses viel weniger bekannt. Auf des Sanderus Flandria Illustrata, Köln 1641, gehen zurück Charles Verschelde, Les anciennes maisons de Bruges, Brügge 1875, der den Turm nach dem Brügger Plan des Marc Geeraerdts (1562) ergänzt, und wohl auch J. Gailliard, Revue pittoresque des Monuments qui décoraient autrefois la ville de Bruges, Brügge 1850, wo die Turmspitze fehlt. Unsere Federzeichnung ließ der Kölner Bürgermeister Joh. Hardenrat 1602 herstellen, als er das Hansische Eigentum in Brügge und Antwerpen revidierte. In seiner Abrechnung im Kölner Archiv findet sich der Vermerk: Item daz Oesterich haus abzumhalen 40 st.[uiver]. Eine Lithographie der Federzeichnung gibt Aug. Reichensperger, Allerlei aus dem Kunstgebiete, Brixen 1867.

An **Nachweisen** wird hier nur das Nötigste gegeben. Für die Abkürzungen verweise ich auf mein Buch, Brügges Entwicklung zum mittelalterlichen Weltmarkt, Berlin (Karl Curtius) 1908. Höhlbaums Kölner Inventar wird als KJ., das Niederländische Inventar, dessen Herausgabe für den Hansischen Geschichtsverein ich vorbereite, als NJ. mit kurzer Angabe des betreffenden Fundorts zitiert.

Einleitung. Seedeutsche (S. 4): Alemanes Maritimos, vgl. Calvete de Estrella, El felicissimo viaje del muy alto y muy poderoso principe Don Felipe, Antwerpen 1552, S. 255.

Kap. 1. Blämische Straße (S. 5): Vgl. Friedr. Bruns, Hans. Geschichtsbl. Jg. 1896 S. 55. — Brügger Wirte (S. 10): HR. I 3 u. 348: 2 S. 457; Hans. UB. IV n. 476; HR. I 3 S. 232, 234 u. 240, 243, 246; HR. I 3 n. 229—231, 238, S. 237, u. 242, 243. — Höfische Worte (S. 11): HR. I n. 23, Leitfaden S. 23. — Anzahl der Hansen (S. 15): Stein, Genossenschaft S. 19 und HR. I 2 n. 256. — Über die Beckinchusen (S. 17): vgl. außer W. Stieda, Hansisch-Venetianische Handelsbeziehungen im 15. Jahrhundert, Halle 1894, noch Hans. UB. VI n. 457, 466, 467, V S. 384 Anm. 3: über die Köln-Dortmunder Kapitalisten vgl. Joseph Hansen, Der englische Staatskredit unter König Eduard III. (1327—1377) und die hansischen Kaufleute. Hans. Geschichtsbl. Jg. 1910 S. 323 ff. — Kölner Weinzapf (S. 18): HR. I 3 n. 240 S. 237—240 und n. 340; Hans. UB. VIII n. 395. — Geleit der 60 Hamburger (S. 18): HR. I 4 n. 459, Hans. UB. V n. 239. — Verhältnis zu den Flandrern (S. 20): HR. I 3 n. 240, 7, 1; 1c; 5, 11. — Neutralität Flanderns (S. 22); Vgl. etwa HR. I 1 n. 479 § 2, HR. I 3 n. 198 § 9 und n. 216. — Bürgerkriege (S. 22): HR. I 3 n. 148, 338, I 2 n. 343 §§ 20, 21, I 3 n. 356, I 2 n. 343 § 3, I 3 n. 162. — Boykott (S. 23): Vgl. etwa Hans. UB. III n. 160, IV n. 291, V n. 254, 255; HR. II 3 n. 566.

Kap. 2. Verlandung des Swin (S. 26): Hans. UB. V n. 509, VI S. 170 Anm. 1, V Bemerkung zu Nr. 1116; Der Vergleich mit Akkon in der Voyage van Mher. Joos van Ghistele, Gent 1557, S. 57. — Mecheln (S. 28): HR. I 1 n. 249; 3 n. 336 § 10, Hans. UB. VI n. 599, 909; IV n. 900. — Kölner in Antwerpen (S. 28): Hans. UB. X n. 330, 1 und 2, auch n. 580. — Heinrich Suderman (S. 28): Thys, Historique des rues de la ville d'Anvers S. 263, Hans. UB. III S. 480. — Hamburger in Amsterdam und Staveren (S. 29): Hans. UB. III S. 180 Anm. 1, Hans. UB. IV n. 164; „Hamburger Choor": Ztschr. d. Ver. f. Hamb. Gesch. IV, 1858, S. 290; eine späte Erwähnung bei Le Moine und Le Long, De Koophandel van Amsterdam 5. Aufl. 1734 II S. 283. — Feste bei Rückkehr der Hansen (S. 34): Leitfaden S. 22, HR. 1 IV n. 134, HR. II 4 n. 554. — Augustiner (S. 35): Hans. UB. IV n. 509, VIII n. 823. — Baulichkeiten und Verkehrsplatz (S. 35): Hans. UB. V n. 201, VI n. 970, 971, VIII n. 579; Ennen, Hans. Geschichtsbl. Jg. 1873; Arca Noe: KJ. I n. 831; Lagerräume: Hans. UB. VI n. 986. Die einzige Urkunde über den Bau des Osterlingehauses ist zuletzt gedruckt Hans. UB. X n. 673. Sie wurde für Ennen, Hans. Geschichtsbl. Jg. 1873, und andere zum Anlaß, 1478 als Jahr der Erbauung anzusehen. Wir erfahren durch die Urkunde jedoch nur, daß der „Kaufmann" die Absicht hatte, an seinem Hause im Krummen Ghenthof einen neuen „Hintergiebel" aufzuführen. Der alte war nur bis zum ersten Stockwerk aus Stein, während die zweite und dritte Etage einen Überhang von zwei Fuß aufzuweisen hatten. Man hatte einen Holzgiebel gehabt, wie sie jetzt in Belgien als Seltenheiten geschätzt werden. Die Stadt erteilt in der Urkunde die Genehmigung, die ganze Mauer um jene zwei Fuß der Übertragung vorrücken zu dürfen. Ein Grundriß des Hauses im Bremer Staatsarchiv, den 1740 der Brügger Stadtbaumeister Puling herstellte, weist eine um etwa zwei Fuß in die Straße an der Reye vorspringende Rückwand auf. 1478 hat man die alte Mauer um zwei Fuß verstärkt und darauf die neue rückwärtige Fassade errichtet. Wie sie aussah, wissen wir nicht. Von der Vorderfront erfahren wir aus der Urkunde nur, daß das Kontor bereits einen Giebel aus Stein von Grund aus errichtet hatte. Über ihn bedurfte es keiner Vereinbarung mit dem Magistrat, da die Fluchtlinie innegehalten wurde. Es ist anzunehmen, daß der ganze Bau nicht erst in den 70er Jahren unternommen und jedenfalls schon vorher geplant wurde. Denn 1472 war der Rückgang des Kontors durch die erste Reduktion des Achtzehnerausschusses offenbar geworden. — Hamburger Stadtrechnungen (S. 38): vgl. Karl Koppmann, Hans. Geschichtsbl. Jg. 1875 S. 11. — „Hoet und Kabeljau" 1532 (S. 38); W. von Bippen, Gesch. der Stadt Bremen II S. 67. — Junge Kaufleute in den Niederlanden (S. 39): Heynghen HR. I 3 S. 232 u. 240, 4a; Beckinchusen Stieda a. a. O. S. 59; Wele: Stein, Hans. Geschichtsbl. 1898 S. 94: der junge Lübecker: Des. Erasmi Rot. opera omnia, studio et op. Jo. Clerici (Le Clerc) Lugd. Bat. 1703—1706 t. III S. 15 n. 17; Rees: RA. Haag). — Geschütze (S. 39): Koppmann, Hamburgische Kämmereirechnungen I S. 385. — Flamensis cistula (S. 39): Häpke, Brügges Entwicklung S. 112 Anm. 4. — Die Grabplatten (S. 39) in Brügge: Hans. UB. VIII n. 823; in Lübeck: Wilh. Brehmer, Hans. Geschichtsbl. Jg. 1883, der für flandrischen Ursprung eintritt; vgl. auch Hans. UB. VI S. 499 Anm. 1.

Kap. 3. Auf die Welthäfen Walcherens gedenke ich an anderem Ort ausführlich zurückzukommen; die Angaben über die Schiffe nach den im NJ. herauszugebenden Schiffslisten im RA. Middelburg. — Poperingens Rückgang (S. 43): NJ. (Dep. Archiv Lille); Pelzhandel: KJ. I S. 373. — Wolle nach Artois und Hennegau geliefert (Braunschweig) (S. 43): KJ. I S. 455. — Die Antwerper Wirte 1532 (S. 44): NJ. (RA. Haag). — Über Zobel (S. 44) vgl. die Selbstbiographie im Bremischen Jahrbuch 9 (1877) und W. von Bippen, Hans. Geschichtsbl. Jg. 1886 S. 49 ff. — Die 13 Hausgesessenen zählt auf Ennen, Hans. Geschichtsbl. Jg. 1873 S. 18. — Über die Verhandlungen von 1516 (S. 45) vgl. HR. III 6 S. X; über die Hansetage von 1535 und 1540 vgl. KJ. I S. 315 und 323. — Das Kontor bei Hofe 1532 unbekannt (S. 46): NJ. (RA. Haag) Bericht Espleghems, daselbst auch die Herbergen (S. 48). — Kontorreform und Hausbau nach KJ. I passim. — Die Inneneinrichtung (S. 30) nach Ennen, Hans. Geschichtsbl. Jg. 1873, auch St. A. Köln, Akten der Revision Hardenrats. — Fest von 1549 (S. 51) nach Calvete a. a. O. — Dominikaner (S. 51): Hans. UB. VIII n. 968, Thys a. a. O. S. 147. — Lutheraner in Antwerpen (S. 51): KJ. I S. 226 Anm. 2, vgl. 225 Anm. 2. — Begräbnisse (1568) (S. 52) und Schmuggel (1572): NJ. (RA. Brüssel). — Die Hausfitzenden 1579 (S. 53) NJ. (St. A. Antwerpen).

Kap. 4. Hansen 1575 in Dortrecht, Rotterdam, Enkhuisen, Vere (S. 54): NJ. (St. A. Vere); in Amsterdam 1586: NJ. (St. A. Amsterdam). — Geringe Abgaben in Amsterdam zu 1542 (S. 55): NJ. (St. A. Vere). — Osterlinge 1567 (S. 55): NJ. (St. A. Amsterdam); vgl. F. A. Domela Nieuwenhuis, Geschiedenis der Amsterdamsche Luthersche Gemeente, Amsterdam 1856 S. 6. — Die „Bremer Schnyte" (S. 55): RA. Brüssel, Aud. Reg. 339 Bl. 150 (1571). — Neudruck der „Fürstlichen Machtkunst" (S. 56) unter dem Titel „Von Manufacturen und Commercio", Frankfurt und Leipzig 1740 S. 41. — Die Hamburger und Bremer auf der Börse zu Amsterdam (S. 56) nach Le Moine und Le Long a. a. O., wiederholt in Gottfr. Christ. Bohns Wohlerfarner Kaufmann, Hamburg 1789 S. 4. — Anteilnahme kleiner Städte am Handel in Antwerpen (S. 57): KJ. I n. 900—901, 1372, 1919, S. 344. — Die Posten nach Le Moine und Le Long

a. a. O. I S. 605. — Briefbeförderung des 15. Jahrhunderts (S. 57): Dänell, Die Blütezeit der deutschen Hanse II S. 446 Anm. 2. — Unter den Jütländern (S. 58) versteht Büsch, Bemerkungen auf einer Reise durch einen Teil der vereinigten Niederlande und Englands, Hamburg 1786, S. 60 offenbar die Nordfriesen. — Frercksens Lebenserinnerungen gab Fr. Paulsen in der Zeitschr. d. Ges. f. Schlesw.-Holst. Gesch. 35. Bd., Kiel 1905, S. 76 ff., heraus; die des Jens Jacob Eschel erschienen Altona 1835; die Biographie Nettelbecks ist nach dem Neudruck von 1910 benutzt. — Ryswick in Lübeck (S. 61): Zeitschr. d. Ver. f. Lüb. Gesch. Bd. I, 1860, S. 281. — Pilotagenordnung (S. 61): Kurt Ferber, Das hamburgische Lotswesen auf der Unterelbe bis zum Jahre 1810. Programm der Höh. Staatsschule in Cuxhaven 1900/1901 S. 7 Anm. 20.

www.ingramcontent.com/pod-product-compliance
Lightning Source LLC
Chambersburg PA
CBHW021736220426
43662CB00008B/879